Jaya Sinha
T. Akilan
Chandraprabha M.

Ecossistema Hadoop, YARN, NoSQL, MongoDB, Spark e Guia Scala

Jaya Sinha
T. Akilan
Chandraprabha M.

Ecossistema Hadoop, YARN, NoSQL, MongoDB, Spark e Guia Scala

ScienciaScripts

Imprint

Cover image: www.ingimage.com

This book is a translation from the original published under ISBN 978-620-7-45205-7.

Publisher:
Sciencia Scripts
is a trademark of
Dodo Books Indian Ocean Ltd. and OmniScriptum S.R.L publishing group

120 High Road, East Finchley, London, N2 9ED, United Kingdom
Str. Armeneasca 28/1, office 1, Chisinau MD-2012, Republic of Moldova, Europe
Printed at: see last page
ISBN: 978-620-7-67610-1

Conteúdo

Sobre o livro

Mergulhe no mundo dos grandes dados com o guia abrangente "Ecossistema Hadoop, YARN, NoSQL, MongoDB, Spark & Scala Guide". No Capítulo 1, explore os meandros do ecossistema Hadoop e do YARN, abrangendo componentes, HDFS, MapReduce, YARN, PIG, HIVE, agendadores, failover, fencing e federação HDFS. O Capítulo 2 apresenta os bancos de dados NoSQL, fornecendo informações sobre diferentes tipos, incluindo bancos de dados de documentos, armazenamentos de valores chave, bancos de dados orientados a colunas e bancos de dados de gráficos. O Capítulo 3 investiga o MongoDB, oferecendo uma compreensão aprofundada de sua introdução, tipos de dados, criação de documentos, atualização, exclusão, consulta, indexação e coleções com limite. Passando para o Capítulo 4, embarque na jornada do Spark, desde a instalação até os aplicativos Spark, bancos de dados distribuídos resilientes, a anatomia de uma execução de trabalho do Spark e o Spark no YARN. Descubra os diferentes modos de implantação no cluster. Por fim, o Capítulo 5 apresenta o SCALA, explorando seus recursos, classes, objetos, construtores, classes implícitas, variáveis mutáveis, tipos básicos, operadores, tratamento de exceções, expressões de correspondência, funções, fechamentos e herança. Este guia é um companheiro essencial para navegar pelas complexidades do ecossistema Hadoop, bancos de dados NoSQL, MongoDB, Spark e Scala, fornecendo uma compreensão holística de suas aplicações e funcionalidades.

Detalhes do autor

Dr. Jaya Sinha
Departamento de CSE,
Colégio de Engenharia e Tecnologia Galgotias,
Greater Noida, Índia
Sr. T. Akilan
Departamento de IQAC,
Amity University Kolkata,
Bengala Ocidental
Sra. Chandraprabha
Departamento de CSE,
Colégio de Engenharia e Tecnologia Galgotias,
Greater Noida, Índia

CAPÍTULO 1

Hadoop Eco System e YARN

1.1 Componentes do ecossistema Hadoop

O ecossistema Hadoop é uma plataforma ou um conjunto que fornece vários serviços para resolver problemas de grandes volumes de dados. Inclui projectos Apache e várias ferramentas e soluções comerciais. Existem quatro elementos principais do Hadoop, ou seja, HDFS, MapReduce, YARN e Hadoop Common. A maior parte das ferramentas ou soluções são utilizadas para complementar ou apoiar estes elementos principais. Todas estas ferramentas funcionam coletivamente para fornecer serviços como a absorção, a análise, o armazenamento e a manutenção de dados, etc.

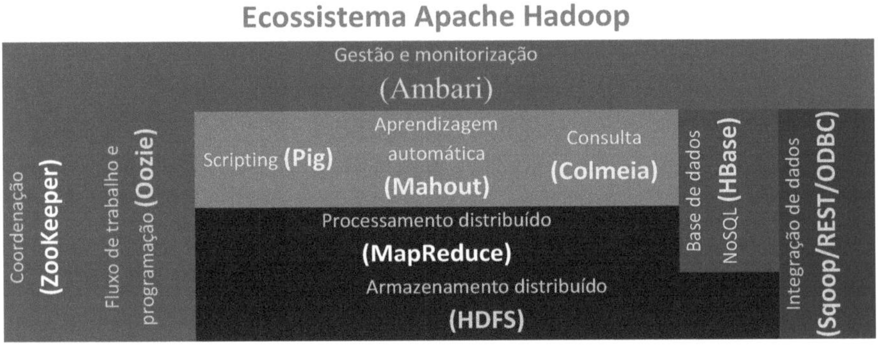

Seguem-se os componentes que, coletivamente, formam um ecossistema Hadoop:

1.2 Hadoop HDFS

O HDFS (Hadoop Distributed File System) é a unidade de armazenamento do Hadoop. O HDFS divide os ficheiros em blocos e envia-os através de vários nós sob a forma de grandes clusters. É um sistema de ficheiros distribuído que funciona em grandes clusters de máquinas de base. É altamente tolerante a falhas e foi concebido para ser implementado em hardware de baixo custo. Proporciona um acesso de elevado débito aos dados da aplicação e é adequado para aplicações com grandes conjuntos de dados.

1.3 Hadoop MapReduce

O Hadoop MapReduce é a unidade de processamento do Hadoop. Processamento de dados baseado em programação. Um modelo de processamento de dados distribuído e um ambiente de execução que funciona em grandes clusters de máquinas de base. O MapReduce é um modelo computacional e uma estrutura de software para escrever aplicações que são executadas no Hadoop.

Estes programas MapReduce são capazes de processar dados enormes em paralelo em grandes clusters de nós de computação.

1.4 Hadoop YARN

O Hadoop YARN é uma unidade de gestão de recursos do Hadoop.

Trata-se de uma estrutura para o agendamento de tarefas e a gestão de recursos de clusters.

O YARN ajuda a abrir o Hadoop, permitindo processar e executar dados para processamento em lote, processamento de fluxo, processamento interativo e processamento de gráficos que estão armazenados no HDFS. Ajuda a executar diferentes tipos de aplicações distribuídas, para além do MapReduce.

1.5 PIG, HIVE: Processamento de serviços de dados com base em consultas

Porco

O Pig foi introduzido pelo yahoo e, mais tarde, tornou-se totalmente open source. É uma linguagem de fluxo de dados e um ambiente de execução para explorar conjuntos de dados muito grandes. Pig é executado em clusters HDFS e MapReduce. Fornece também uma ponte para consultar dados em clusters Hadoop, mas, ao contrário do hive, implementa um script para que os programadores e os empresários possam aceder aos dados Hadoop. O Apache Pig fornece uma plataforma de programação de alto nível para os programadores processarem e analisarem grandes volumes de dados utilizando funções definidas pelo utilizador e esforços de programação. Em janeiro de 2013, a Apache lançou o Pig 0.10.1, que está definido para ser utilizado com o Hadoop 0.10.1 ou versões posteriores. Mais informações e um guia de instalação podem ser encontrados em Apache Pig Getting Started Documentation.

Colmeia

O Hive foi originalmente desenvolvido pelo Facebook, mas agora está a ser disponibilizado em código aberto há algum tempo. O Hive funciona como uma ponte entre o SQL e o Hadoop, sendo basicamente utilizado para efetuar consultas SQL em clusters Hadoop. O Apache Hive é basicamente um armazém de dados distribuído que fornece uma linguagem de consulta baseada em SQL (e que é traduzida pelo motor de tempo de execução para tarefas MapReduce) para consulta de dados, resumo de dados e análise de grandes conjuntos de dados armazenados em sistemas de ficheiros compatíveis com o Hadoop. O Hive fornece uma implementação baseada em consultas SQL, denominada HiveQL, de grandes quantidades de dados armazenados em clusters Hadoop. Em janeiro de 2013, a Apache lançou o Hive 0.10.0, mais informações e guias de instalação podem ser encontrados em Apache Hive Documentation.

Spark: Processamento de dados na memória **HBase:** Base de dados NoSQL.

Uma base de dados distribuída e orientada para colunas. O HBase utiliza o HDFS para o seu armazenamento subjacente e suporta tanto cálculos em lote utilizando MapReduce como consultas pontuais (leituras aleatórias).

Mahout, Spark MLLib: Bibliotecas de algoritmos de aprendizagem automática

Solar, Lucene: Pesquisa e indexação **ZooKeeper:** Gerir clusters

Um serviço de coordenação distribuído e altamente disponível. O ZooKeeper fornece primitivas, como bloqueios distribuídos, que podem ser usadas para criar aplicações distribuídas.

Sqoop

Uma ferramenta para mover dados de forma eficiente entre bancos de dados relacionais e HDFS. **Oozie:** Agendamento de trabalhos

1.6 Hadoop-Schedulers

As primeiras versões do Hadoop tinham uma abordagem muito simples para agendar os trabalhos dos utilizadores: eram executados por ordem de submissão, utilizando um agendador FIFO. Normalmente, cada trabalho usava todo o cluster, então os trabalhos tinham que esperar sua vez. Embora um cluster partilhado ofereça um grande potencial para oferecer grandes recursos a muitos utilizadores, o problema da partilha justa de recursos entre utilizadores requer um programador melhor. Os trabalhos de produção têm de ser concluídos atempadamente, ao mesmo tempo que permitem aos utilizadores que estão a fazer consultas ad hoc mais pequenas obter resultados num período de tempo razoável. Foi adicionada a capacidade de definir a prioridade de um trabalho, através da propriedade mapred. job.priority ou do método setJobPriority() no JobClient.

Quando o programador de tarefas está a escolher a próxima tarefa a executar, selecciona a que tem a prioridade mais elevada.

Existem principalmente 3 tipos de Schedulers no Hadoop:

1. Programador FIFO (First In First Out).
2. Programador de capacidade.
3. Agendador justo.

No entanto, com o agendador FIFO, as prioridades não suportam preempção, então um trabalho de alta prioridade ainda pode ser bloqueado por um trabalho de baixa prioridade de longa duração que começou antes do trabalho de alta prioridade ser agendado.

JOB QUEUE

TASK 1	TASK 2	TASK 3	TASK 4	TASK 5

O MapReduce no Hadoop vem com uma escolha de agendadores.

A predefinição é o agendador original baseado em filas FIFO, e existem também agendadores multiutilizadores chamados :

- O programador de feiras
- O Programador de Capacidade.

1. Programador FIFO

Como o nome sugere, FIFO, ou seja, First In First Out (primeiro a entrar, primeiro a sair), portanto, as tarefas ou aplicações que chegarem primeiro serão atendidas primeiro. Este é o Schedular padrão que usamos no Hadoop. As tarefas são colocadas numa fila de espera e, por conseguinte, são executadas pela ordem de apresentação. Neste método, uma vez que o trabalho é agendado, nenhuma intervenção é permitida. Por isso, por vezes, o processo de alta prioridade tem de esperar muito tempo, uma vez que a prioridade da tarefa não importa durante este método.

Vantagem:

- Sem necessidade de configuração
- Primeiro a chegar, primeiro a ser servido
- simples de executar

Desvantagem:

- A prioridade da tarefa não é importante, pelo que as tarefas de prioridade elevada têm de esperar
- Não adequado para cluster partilhado

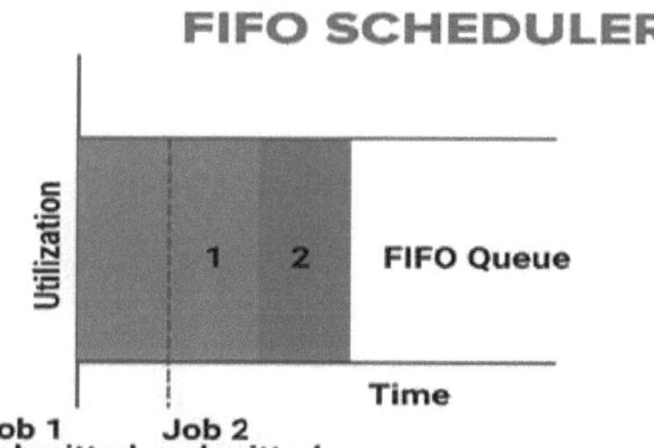

2. Programador de feiras

O Escalonador Justo tem como objetivo dar a cada utilizador uma parte justa da capacidade do cluster ao longo do tempo. Se um único trabalho estiver em execução, ele recebe todos os clusters. À medida que mais trabalhos são submetidos, são atribuídos slots de tarefas livres aos trabalhos de forma a dar a cada utilizador uma parte justa do cluster. Um trabalho curto pertencente a um utilizador será concluído num período de tempo razoável, mesmo quando o trabalho longo de outro utilizador estiver em execução, e o trabalho longo continuará a progredir.

Os trabalhos são colocados em pools e, por defeito, cada utilizador tem o seu próprio pool. Também é possível definir pools personalizados com capacidades mínimas garantidas definidas em termos do número de mapas e slots de redução, e definir ponderações para cada pool.

O Programador Justo suporta a preempção, pelo que, se um agrupamento não tiver recebido a sua quota-parte justa durante um determinado período de tempo, o programador anulará as tarefas nos agrupamentos com excesso de capacidade para atribuir as faixas horárias ao agrupamento com falta de capacidade. Com a ajuda do Fair Scheduler, as aplicações YARN podem partilhar os recursos no grande cluster Hadoop e estes recursos são mantidos dinamicamente, pelo que não é necessária uma capacidade prévia. Os recursos são distribuídos de forma a que todas as aplicações de um cluster disponham de igual quantidade de tempo. O Fair Scheduler toma decisões de agendamento com base na memória, mas podemos configurá-lo para funcionar também com a CPU.

Vantagens:

- Os recursos atribuídos a cada aplicação dependem da sua prioridade.
- pode limitar as tarefas em execução simultânea num determinado grupo ou fila.

Desvantagens: A configuração é necessária.

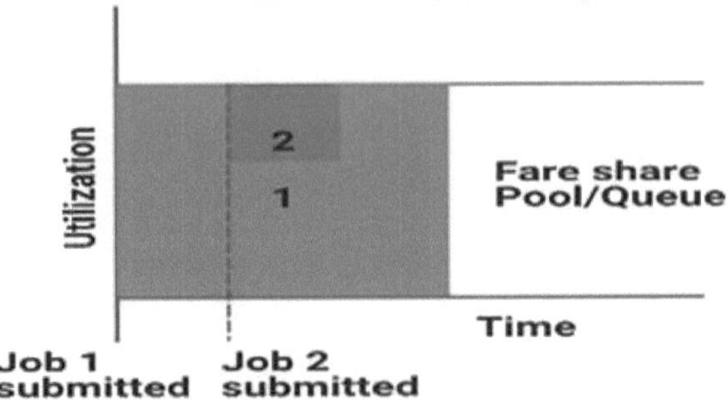

3. Programadores de capacidade

O Programador de capacidade tem uma abordagem ligeiramente diferente da programação multiutilizador.

Um cluster é composto por um número de filas (como as piscinas do Escalonador Justo), que podem ser hierárquicas (assim uma fila pode ser filha de outra fila), e cada fila tem uma capacidade alocada. Isto é como o Escalonador Justo, exceto que dentro de cada fila, os trabalhos são agendados usando escalonamento FIFO (com prioridades).

No Capacity Scheduler, temos várias filas de trabalho para agendar as nossas tarefas. O Capacity Scheduler permite que vários ocupantes partilhem um cluster Hadoop de grandes dimensões. No Capacity Schedular, para cada fila de tarefas, oferecemos alguns slots ou recursos do cluster para efetuar operações de tarefas. Cada fila de trabalho tem as suas próprias ranhuras para executar a sua tarefa. Se tivermos tarefas a executar numa fila, as tarefas dessa fila podem aceder às ranhuras de outras filas, uma vez que são de utilização livre, e quando a nova tarefa entra noutra fila, os trabalhos em execução nas suas próprias ranhuras do cluster são substituídos pelo seu próprio trabalho.

O Capacity Scheduler também fornece um nível de abstração para compreender qual o ocupante que está a utilizar mais recursos ou ranhuras do cluster, de modo a que o único utilizador ou aplicação não utilize ranhuras inadequadas ou desnecessárias no cluster. O Capacity Schedular contém principalmente 3 tipos de fila: raiz, pai e folha, que representam, respetivamente, o cluster, a organização ou qualquer subgrupo ou submissão de aplicações. O Capacity Scheduler permite aos utilizadores ou organizações simular um cluster MapReduce separado com agendamento FIFO para cada utilizador ou organização.

O Escalonador Justo, por outro lado, impõe uma partilha justa dentro de cada pool, para que os trabalhos em execução partilhem os recursos do pool.

Vantagem:

- Ideal para trabalhar com vários clientes ou trabalhos prioritários num cluster Hadoop
- Maximiza o rendimento no cluster Hadoop

Desvantagem:

- Mais complexo
- Não é fácil de configurar para toda a gente

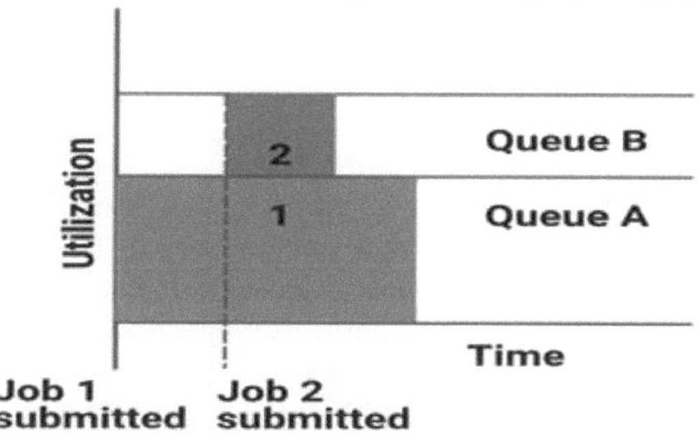

Novas funcionalidades do Hadoop 2.0

Alta disponibilidade do Namenode

A alta disponibilidade foi uma nova funcionalidade adicionada ao Hadoop 2.x para resolver o problema do ponto único de falha nas versões mais antigas do Hadoop.

Como o HDFS do Hadoop segue a arquitetura mestre-escravo, o NameNode é o nó mestre e mantém a árvore do sistema de ficheiros. Assim, o HDFS não pode ser utilizado sem o NameNode. A combinação da replicação dos metadados do namenode em vários sistemas de ficheiros e a utilização do namenode secundário para criar pontos de controlo protege contra a perda de dados, mas não proporciona uma elevada disponibilidade do sistema de ficheiros. O namenode continua a ser um ponto único de falha (SPOF), uma vez que, se falhar, todos os clientes - incluindo as tarefas MapReduce - não poderão ler, escrever ou listar ficheiros, porque o namenode é o único repositório dos metadados e do mapeamento ficheiro a bloco. Nesse caso, todo o sistema Hadoop ficaria efetivamente fora de serviço até que um novo namenode pudesse ser colocado online. Este NameNode torna-se assim um estrangulamento. Para recuperar de um namenode falhado nesta situação, um administrador inicia um novo namenode primário com uma das réplicas de metadados do sistema de ficheiros e configura os datanodes e os clientes para utilizarem este novo namenode. O novo namenode não é capaz de servir pedidos até que tenha i) carregado a sua imagem de espaço de nomes na memória, ii) reproduzido o seu registo de edição e iii) recebido relatórios de blocos suficientes dos datanodes para sair do modo de segurança. Em grandes clusters com muitos ficheiros e blocos, o tempo que demora um namenode a arrancar do modo frio pode ser de 30 minutos ou mais. O longo tempo de recuperação também é um problema para a manutenção de rotina. De facto, uma vez que a falha inesperada do namenode é tão rara, o caso do tempo de inatividade planeado é, na prática, mais importante. A funcionalidade de alta disponibilidade do HDFS resolve este problema.

O Hadoop 2.0 supera este SPOF fornecendo suporte para muitos NameNode. A arquitetura HDFS NameNode High Availability oferece a opção de executar dois NameNodes redundantes no mesmo cluster numa configuração ativa/passiva com um hot standby.

- **NameNode ativo** - Trata de todas as operações do cliente no cluster.
- **Nó de nomes passivo** - É um nó de nomes em espera, que possui dados semelhantes aos do nó de nomes ativo. Actua como um escravo e mantém um estado suficiente para proporcionar uma falha rápida, se necessário.

Se o nó de nomes ativo falhar, o nó de nomes em espera/passivo assume toda a responsabilidade do nó ativo e o cluster continua a funcionar, atendendo aos pedidos dos clientes sem uma interrupção significativa. Em caso de falha do nó de nomes ativo, o nó de reserva assume as suas funções para continuar a servir os pedidos dos clientes sem uma interrupção significativa. São necessárias algumas alterações arquitecturais para que isto aconteça:

- Os namenodes devem usar armazenamento compartilhado altamente disponível para compartilhar o log de edição. (Na implementação inicial do HA isto irá requerer um arquivador NFS, mas em versões futuras mais opções serão fornecidas, como um sistema baseado no BookKeeper construído no Zoo-Keeper). Quando um namenode em espera aparece, ele lê até o final do log de edição compartilhado para sincronizar seu estado com o namenode ativo, e então continua a ler novas entradas conforme elas são escritas pelo namenode ativo.
- Os datanodes devem enviar relatórios de blocos a ambos os namenodes, uma vez que os mapeamentos de blocos são armazenados na memória de um namenode e não no disco.
- Os clientes devem ser configurados para lidar com o failover de namenode, que utiliza um mecanismo transparente para os utilizadores.
- Se o namenode ativo falhar, então o standby pode assumir o controlo muito rapidamente (em algumas dezenas de segundos), uma vez que tem o estado mais recente disponível na memória: tanto as últimas entradas do registo de edição, como um mapeamento de blocos atualizado. O tempo real de failover observado será maior na prática (cerca de um minuto ou mais), já que o sistema precisa ser conservador ao decidir que o namenode ativo falhou.
- No caso improvável de o standby estar em baixo quando o ativo falha, o administrador pode ainda iniciar o standby a partir do frio. Isto não é pior do que o caso não-HA e, de um ponto de vista operacional, é uma melhoria, uma vez que o processo é um procedimento operacional padrão incorporado no Hadoop.

Os problemas na manutenção da consistência no cluster de alta disponibilidade do HDFS são os seguintes:

- Os NameNode activos e em espera devem estar sempre sincronizados entre si, ou seja, devem ter os mesmos metadados. Isto permite restabelecer o cluster Hadoop no mesmo estado do espaço de nomes em que foi desativado. E isto permitir-nos-á ter um failover rápido.
- Só deve estar ativo um NameNode de cada vez. Caso contrário, dois NameNode levarão à corrupção dos dados. Chamamos a este cenário um "cenário de cérebro dividido", em que um cluster é dividido em clusters mais pequenos. Cada um deles acredita que é o único cluster ativo. O "Fencing" evita estes cenários. A vedação é um processo que garante que apenas um NameNode permanece ativo num determinado momento.

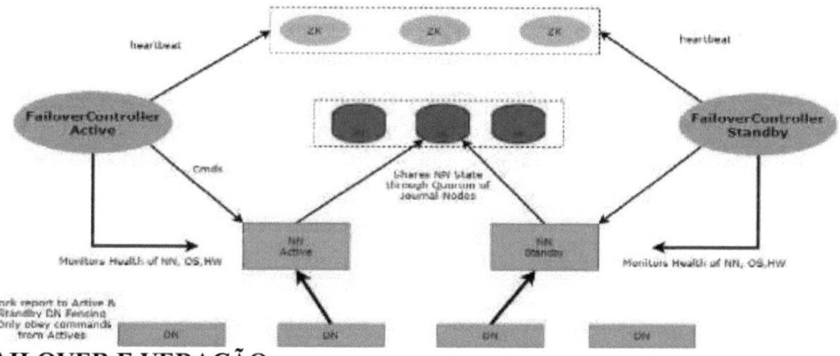

1.7 FAILOVER E VEDAÇÃO

A transição do namenode ativo para o standby é gerida por uma nova entidade no sistema chamada controlador de failover. Os controladores de failover são plugáveis, mas a primeira implementação usa o ZooKeeper para garantir que apenas um namenode esteja ativo. Cada namenode executa um processo leve de controlador de failover cujo trabalho é monitorar seu namenode para falhas (usando um mecanismo simples de heartbeating) e disparar um failover caso um namenode falhe. O failover também pode ser iniciado manualmente por um administrador, no caso de manutenção de rotina, por exemplo. Isto é conhecido como um failover gracioso, uma vez que o controlador de failover organiza uma transição ordenada para que ambos os namenodes troquem de papéis. No caso de um failover não gracioso, no entanto, é impossível ter certeza de que o namenode com falha parou de funcionar. Por exemplo, uma rede lenta ou uma partição de rede pode desencadear uma transição de failover, mesmo que o namenode anteriormente ativo ainda esteja em execução e pense que ainda é o namenode ativo. A implementação da HA faz um grande esforço para garantir que o namenode anteriormente ativo é impedido de causar danos e corrupção - um método conhecido como fencing. O sistema emprega uma série de mecanismos de vedação, incluindo a eliminação do processo do namenode, a revogação do seu acesso ao diretório de armazenamento partilhado (normalmente utilizando um comando NFS específico do fornecedor) e a desativação da sua porta de rede através de um comando de gestão remota. Como último recurso, o namenode previamente ativo pode ser cercado com uma técnica conhecida graficamente como STONITH, ou "atirar na cabeça do outro nó", que usa uma unidade de distribuição de energia especializada para forçar o desligamento da máquina hospedeira. O failover do cliente é tratado de forma transparente pela biblioteca do cliente. A implementação mais simples usa a configuração do lado do cliente para controlar o failover. O URI do HDFS usa um nome de host lógico que é mapeado para um par de endereços de namenode (no arquivo de configuração), e a biblioteca cliente tenta cada endereço de namenode até que a operação seja bem-sucedida.

1.8 Federação HDFS

O namenode mantém uma referência a cada arquivo e bloco no sistema de arquivos na memória, o que significa que em clusters muito grandes com muitos arquivos, a memória se torna o fator limitante para escalonamento. A Federação HDFS, introduzida na série de versões 0.23, permite que um cluster seja escalado adicionando namenodes, cada um dos quais gerencia uma parte do espaço de nomes do sistema de arquivos. Por exemplo, um namenode pode gerir todos os ficheiros com raiz em /user, digamos, e um segundo namenode pode gerir os ficheiros em /share.

A Federação HDFS melhora a arquitetura HDFS existente através de uma separação clara entre o espaço de nomes e o armazenamento, permitindo uma camada de armazenamento de blocos genérica. Permite o suporte de múltiplos espaços de nomes no cluster para melhorar a escalabilidade e o isolamento. A federação também abre a arquitetura, expandindo a aplicabilidade dos clusters HDFS a novas implementações e casos de utilização. Para escalar o serviço de nomes horizontalmente, a federação utiliza vários nós/namespaces de nomes independentes. Os namenodes são federados, ou seja, os namenodes são independentes e não necessitam de coordenação entre si. Os datanodes são utilizados como armazenamento comum de blocos por todos os namenodes. Cada datanode regista-se com todos os namenodes do cluster. Os datanodes enviam periodicamente heartbeats e relatórios de blocos e tratam os comandos dos namenodes. Um Block Pool é um conjunto de blocos que pertencem a um único namespace. Os nós de dados armazenam blocos para todos os pools de blocos no cluster. Ele é gerenciado independentemente de outros pools de blocos. Isso permite que um namespace gere IDs de bloco para novos blocos sem a necessidade de coordenação com os outros namespaces. A falha de um namenode não impede que o datanode sirva outros namenodes no cluster.

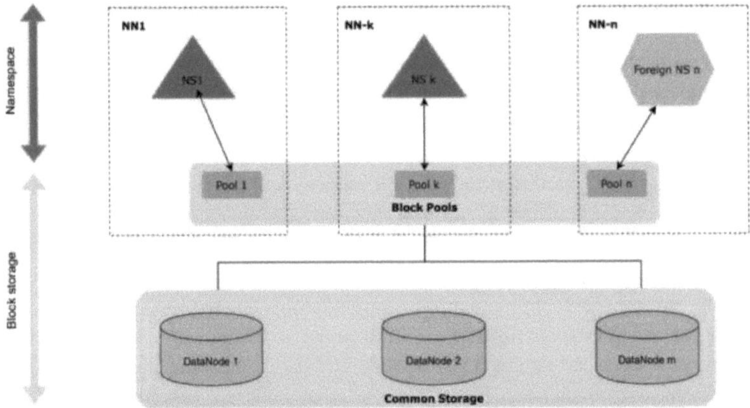

Um Namespace e o seu conjunto de blocos são designados por Namespace Volume. Trata-se de uma unidade de gestão autónoma. Quando um namenode/namespace é eliminado, o pool de blocos correspondente nos datanodes é eliminado. Cada volume de espaço de nomes é atualizado como uma unidade, durante a atualização do cluster. Para aceder a um cluster HDFS federado, os clientes utilizam tabelas de montagem do lado do cliente para mapear caminhos de ficheiros para os nós de nomes. Isso é gerenciado na configuração usando o ViewFileSystem e os URIs viewfs://.

MRv2

O MRv2 (também conhecido como YARN, "Yet Another Resource Negotiator") tem um Gestor de Recursos para cada cluster, e cada nó de dados executa um Gestor de Nós. Para cada trabalho, um nó escravo actuará como Application Master, monitorizando recursos/tarefas, etc. A estrutura MapReduce na versão 1.x do Hadoop é também conhecida como MRv1 e inclui a comunicação com o cliente, a execução e gestão de tarefas, o agendamento de recursos e a gestão de recursos. Os daemons Hadoop associados ao MRv1 são o JobTracker e o TaskTracker, como mostra a figura seguinte:

YARN

YARN significa "Yet Another Resource Negotiator^ Foi introduzido no Hadoop 2.0 para eliminar o estrangulamento no Job Tracker que estava presente no Hadoop 1.0. O YARN foi descrito como um "Gestor de recursos redesenhado" na altura do seu lançamento, mas evoluiu agora para ser conhecido como um sistema operativo distribuído em grande escala utilizado para o processamento de grandes volumes de dados. O YARN também permite que diferentes motores de processamento de dados, como o processamento gráfico, o processamento interativo, o processamento de fluxos e o processamento em lote, sejam executados e processem dados armazenados no HDFS (Sistema de ficheiros distribuídos Hadoop), tornando assim o sistema muito mais eficiente. Através dos seus vários componentes, pode atribuir dinamicamente vários recursos e programar o processamento da aplicação. Para o processamento de grandes volumes de dados, é necessário gerir corretamente os recursos disponíveis para que cada aplicação os possa aproveitar.

Executando MRv1 em YARN.

O YARN usa a interface da Web do ResourceManager para monitorar aplicativos em execução em um cluster YARN. A interface do usuário do ResourceManager mostra as métricas básicas do cluster, a lista de aplicativos e os nós associados ao cluster. Nesta seção, discutiremos o monitoramento de aplicativos MRv1 no YARN. O Gerenciador de recursos é o componente central do YARN - Yet Another Resource Negotiator. Em analogia, ocupa o lugar do JobTracker do MRV1. O Hadoop YARN foi concebido para fornecer um quadro genérico e flexível para administrar os recursos de computação no cluster Hadoop. Neste sentido, o serviço YARN Resource Manager (RM) é a autoridade central de controlo da gestão dos recursos e toma decisões de atribuição O ResourceManager tem duas funções componentes principais: Scheduler e ApplicationsManager.

CAPÍTULO 2

Bases de dados NoSQL

2.1 Introdução ao NoSQL

Um termo para qualquer tipo de base de dados que não utilize SQL para a recuperação primária de dados da base de dados. As bases de dados NoSQL têm uma funcionalidade tradicional limitada e foram concebidas para serem escaláveis e para a recuperação e inclusão de dados de elevado desempenho. Normalmente, as bases de dados NoSQL armazenam dados como pares chave-valor, o que funciona bem para dados que não estão relacionados. As bases de dados NoSQL podem armazenar dados de relações - apenas os armazenam de forma diferente das bases de dados relacionais. Quando comparadas com as bases de dados SQL, muitas pessoas consideram que a modelação de dados de relações nas bases de dados NoSQL é mais fácil do que nas bases de dados SQL, porque os dados relacionados não têm de ser divididos entre tabelas. Os modelos de dados NoSQL permitem que os dados relacionados sejam aninhados numa única estrutura de dados. Eis os quatro principais tipos de bases de dados NoSQL:

2.2 Bases de dados de documentos

Uma base de dados de documentos armazena dados em documentos JSON, BSON ou XML (não em documentos Word ou Google Docs, claro). Numa base de dados de documentos, os documentos podem ser aninhados. Elementos específicos podem ser indexados para uma consulta mais rápida. Os documentos podem ser armazenados e recuperados de uma forma muito mais próxima dos objectos de dados utilizados nas aplicações, o que significa que é necessária menos tradução para utilizar os dados numa aplicação. Os dados SQL têm frequentemente de ser montados e desmontados quando se deslocam para trás e para a frente entre aplicações e armazenamento.

2.3 Armazéns de valores chave

As bases de dados de chave-valor são um tipo mais simples de base de dados em que cada item contém chaves e valores. Normalmente, um valor só pode ser recuperado através da referência à sua chave, pelo que aprender a consultar um par chave-valor específico é normalmente simples. As bases de dados de valores chave são óptimas para casos de utilização em que é necessário armazenar grandes quantidades de dados, mas não é necessário efetuar consultas complexas para os recuperar. Os casos de utilização comuns incluem o armazenamento das preferências do utilizador ou a colocação em cache. Redis e DynamoDB são bancos de dados de valor-chave populares.

2.4 Bases de dados orientadas para as colunas

Os armazenamentos de colunas largas armazenam dados em tabelas, linhas e colunas dinâmicas. Os armazenamentos de colunas largas proporcionam uma grande flexibilidade em relação às bases de dados relacionais, uma vez que não é necessário que cada linha tenha as mesmas colunas. Muitos consideram os armazenamentos de colunas largas como bases de dados bidimensionais de valores chave. Os armazenamentos de colunas largas são óptimos para quando é necessário armazenar grandes quantidades de dados e é possível prever quais serão os padrões de consulta. Os armazenamentos de colunas largas são normalmente utilizados para armazenar dados da Internet das coisas e dados de perfis de utilizadores. O Cassandra e o HBase são dois dos armazenamentos de colunas largas mais populares.

2.5 Bases de dados de grafos

As bases de dados de grafos armazenam dados em nós e arestas. Normalmente, os nós armazenam informações sobre pessoas, locais e objectos, enquanto as arestas armazenam informações sobre as relações entre os nós. As bases de dados de grafos são excelentes em casos de utilização em que é necessário percorrer relações para procurar padrões, como as redes sociais, a deteção de fraudes e os motores de recomendação. Neo4j e JanusGraph são exemplos de bases de dados de grafos.

CAPÍTULO 3

MongoDB

3.1 Introdução

O MongoDB, uma das principais bases de dados NoSQL, revoluciona o panorama da gestão de dados com a sua abordagem flexível e escalável. Nascido da necessidade de resolver as limitações das bases de dados relacionais tradicionais, o MongoDB adopta um modelo orientado para documentos, permitindo aos utilizadores armazenar, recuperar e manipular dados de uma forma mais intuitiva e dinâmica.

No seu núcleo, a MongoDB foi concebida para lidar com grandes quantidades de dados não estruturados ou semi-estruturados, tornando-a uma solução ideal para aplicações em que os padrões de dados evoluem ao longo do tempo ou em que é preferível uma estrutura sem esquema. A base de dados organiza as informações em documentos BSON (Binary JSON) flexíveis e semelhantes a JSON, fornecendo uma representação natural e eficiente de estruturas de dados complexas.

Uma das características distintivas do MongoDB é a sua capacidade de escalar horizontalmente, acomodando sem esforço conjuntos de dados crescentes, distribuindo-os por vários servidores. Esse dimensionamento horizontal, combinado com os recursos de fragmentação incorporados, garante que o MongoDB possa lidar facilmente com as demandas de aplicativos de grande escala.

O mecanismo de consulta no MongoDB é poderoso, mas simples. Utilizando um conjunto rico de operadores, os utilizadores podem efetuar consultas complexas, filtragem e ordenação com uma simplicidade notável. Além disso, as capacidades de indexação do MongoDB contribuem para a recuperação eficiente de dados, garantindo um desempenho ótimo mesmo com vastos conjuntos de dados.

O MongoDB também se destaca pelo seu suporte a dados geoespaciais, permitindo que os programadores criem facilmente aplicações com conhecimento da localização. O seu conjunto robusto de funcionalidades inclui indexação e consultas espaciais, tornando-o a escolha preferida para projectos que requerem a representação de dados geográficos.

Além disso, o MongoDB integra-se perfeitamente com linguagens de programação populares, permitindo que os programadores trabalhem com ferramentas e bibliotecas familiares. O design flexível do esquema da base de dados elimina a necessidade de um pré-planeamento extensivo, facilitando práticas de desenvolvimento ágil e iterações rápidas.

Como as organizações reconhecem cada vez mais o valor dos insights em tempo real, o suporte do MongoDB para replicação e alta disponibilidade torna-se fundamental. Seus recursos automatizados de sharding e replicação aprimoram a redundância de dados e a tolerância a falhas, garantindo a disponibilidade contínua e a durabilidade dos dados.

Em essência, o MongoDB se destaca como uma solução NoSQL dinâmica e versátil, oferecendo flexibilidade, escalabilidade e desempenho incomparáveis. Seja alimentando aplicativos da Web modernos, plataformas analíticas ou soluções de IoT, a adaptabilidade do MongoDB o torna a escolha ideal para desenvolvedores e empresas que navegam no cenário em constante evolução do gerenciamento de dados.

O MongoDB é uma base de dados de documentos de código aberto e uma das principais bases de dados NoSQL. O MongoDB é escrito em C++.

3.2 Tipos de dados

A MongoDB suporta muitos tipos de dados. Alguns deles são -

- String - Este é o tipo de dados mais comummente utilizado para armazenar os dados. A cadeia de caracteres no MongoDB tem de ser válida em UTF-8.
- Inteiro - Este tipo é utilizado para armazenar um valor numérico. O número inteiro pode ser de 32 ou 64 bits, consoante o servidor.
- Booleano - Este tipo é utilizado para armazenar um valor booleano (verdadeiro/falso).
- Double - Este tipo é utilizado para armazenar valores de vírgula flutuante.
- Chaves Mín/Máx - Este tipo é utilizado para comparar um valor com os elementos BSON mais baixos e mais altos.
- Matrizes - Este tipo é utilizado para armazenar matrizes, listas ou valores múltiplos numa única chave.
- Carimbo de data/hora - carimbo de data/hora. Isto pode ser útil para registar quando um documento foi modificado ou adicionado.
- Objeto - Este tipo de dados é utilizado para documentos incorporados.
- Null - Este tipo é utilizado para armazenar um valor Null.
- Símbolo - Este tipo de dados é utilizado de forma idêntica a uma cadeia de caracteres; no entanto, é geralmente reservado para linguagens que utilizam um tipo de símbolo específico.
- Date - Este tipo de dados é utilizado para armazenar a data ou hora atual no formato de hora UNIX. Pode especificar a sua própria data e hora criando um objeto de Date e passando o dia, o mês e o ano para esse objeto.
- ID do objeto - Este tipo de dados é utilizado para armazenar o ID do documento.
- Dados binários - Este tipo de dados é utilizado para armazenar dados binários.
- Código - Este tipo de dados é utilizado para armazenar o código JavaScript no documento.
- Expressão regular - Este tipo de dados é utilizado para armazenar expressões regulares.

3.3 Criação de documento:

Inserir um único documento

db.collection.insertOne() insere um único documento numa coleção.

Inserir vários documentos

db.collection.insertMany() pode inserir vários documentos numa coleção. Passe uma matriz de documentos para o método.

3.4 Atualização do documento

db.collection.updateOne(<filter>, <update>, <options>)

Actualiza, no máximo, um único documento que corresponde a um filtro especificado, embora vários documentos possam corresponder ao filtro especificado.

db.collection.updateMany(<filter>, <update>, <options>)

Actualiza todos os documentos que correspondem a um filtro especificado.

db.collection.replaceOne(<filter>, <update>, <options>)

Substitui, no máximo, um único documento que corresponde a um filtro especificado, embora vários documentos possam corresponder ao filtro especificado.

db.collection.update()

Actualiza ou substitui um único documento que corresponde a um filtro especificado ou actualiza todos os documentos que correspondem a um filtro especificado.

Por predefinição, o método db.collection.update() actualiza um único documento. Para atualizar vários documentos, utilize a opção multi.

3.5 Eliminar documentos

db.coll ecti on.deleteMany()

Elimina todos os documentos que correspondem a um filtro especificado.

db.coll ecti on.deleteOne()

Elimina, no máximo, um único documento que corresponda a um filtro especificado, embora vários documentos possam corresponder ao filtro especificado.

db.collection.remove()

Elimina um único documento ou todos os documentos que correspondam a um filtro especificado.

db.coll ecti on.findOneAndDelete()

findOneAndDelete() fornece uma opção de ordenação. A opção permite a eliminação do primeiro documento ordenado pela ordem especificada.

db.coll ecti on.findAndModify()

db.collection.findAndModify() fornece uma opção de ordenação. A opção permite a eliminação do primeiro documento ordenado pela ordem especificada.

db.coll ecti on.bulkWrite()

3.6 Consulta:

método find()

Para consultar dados da coleção MongoDB, é necessário utilizar o método find() do MongoDB.

Sintaxe

A sintaxe básica do método find() é a seguinte -

>db.COLLECTION_NAME.find()

O método find() apresentará todos os documentos de uma forma não estruturada.

Método pretty()

Para apresentar os resultados de uma forma formatada, pode utilizar o método pretty().

Sintaxe

>db.COLLECTION_NAME.find().pretty()

método findOne()

Para além do método find(), existe o método findOne(), que devolve apenas um documento.

Sintaxe

>db.COLLECTIONNAME.findOne()

E no MongoDB

Sintaxe

Para consultar documentos com base na condição AND, é necessário utilizar a palavra-chave $and. Segue-se a sintaxe básica de AND -

>db.mycol.find({ $and: [{<key1>:<value1>}, { <key2>:<value2>}] })

OU em MongoDB

Sintaxe

Para consultar documentos com base na condição OR, é necessário utilizar a palavra-chave $or. Segue-se a sintaxe básica de OR -

```
>db.mycol.find(
{
$ou: [
{keyl: valuel},
{key2:value2}
```

```
]
}
).prettyO
```

NOR em MongoDB

Sintaxe

Para consultar documentos com base na condição NOT, é necessário utilizar a palavra-chave $not. Segue-se a sintaxe básica de NOT -

```
>db.COLLECTION_NAME.find(
{
$nor: [
{keyl: valuel},
{key2:value2}
]
}
)
```

NÃO no MongoDB

Sintaxe

Para consultar documentos com base na condição NOT, é necessário utilizar a palavra-chave $nor. A sintaxe básica de NOT - é a seguinte

```
>db.COLLECTION_NAME.find(
{
$NÃO: [
{key1: value1},
{key2:value2}
]
}
).prettyO
```

3.7 Introdução à indexação

Os índices suportam a execução eficiente de consultas no MongoDB. Sem índices, o MongoDB deve executar uma varredura de coleção, ou seja, varrer cada documento em uma coleção, para selecionar os documentos que correspondem à instrução de consulta. Se existir um índice apropriado para uma consulta, o MongoDB pode usar o índice para limitar o número de documentos que deve inspecionar.

Os índices são estruturas de dados especiais que armazenam uma pequena parte do conjunto de dados da coleção de uma forma fácil de percorrer. O índice armazena o valor de um campo específico ou conjunto de campos, ordenado pelo valor do campo. A ordenação das entradas do índice suporta correspondências de igualdade eficientes e operações de consulta baseadas em intervalo. Além disso, o MongoDB pode retornar resultados ordenados usando a ordenação no índice.

O MongoDB suporta índices

- Ao nível da coleção
- Semelhante aos índices em RDBMS

Pode ser utilizado para

- Filtragem mais eficiente
- Triagem mais eficiente
- Consultas apenas de índice (abrangendo o índice)

3.7.1 Tipos de índices

^ Índice _id por defeito

O MongoDB cria um índice único no campo _id durante a criação de uma coleção. O índice _id impede que os clientes insiram dois documentos com o mesmo valor para o campo _id. Não é possível eliminar este índice no campo _id.

Criar um índice

Para criar um índice, utilize

db.collection.createIndex() db.collection.createIndex(<chave e especificação do tipo de índice>, <opções>) O método db.collection.createIndex() só cria um índice se ainda não existir um índice com a mesma especificação.

Os índices do MongoDB usam uma estrutura de dados de árvore B.

O método createIndex() também tem uma série de parâmetros opcionais. Estes incluem:

- background (Booleano) : Constrói o índice em segundo plano para que a construção de um índice não bloqueie outras actividades da base de dados. Especifique true para construir em segundo plano. O valor predefinido é **false**.
- unique (Boolean) : Cria um índice exclusivo para que a coleção não aceite a inserção de documentos em que a chave ou chaves do índice correspondam a um valor existente no índice. Especifique true para criar um índice único. O valor predefinido é **false**.
- name (string): O nome do índice. Se não for especificado, o MongoDB gera um nome de índice concatenando os nomes dos campos indexados e a ordem de classificação.
- esparso (Booleano): Se verdadeiro, o índice apenas faz referência a documentos com o campo especificado. Estes índices utilizam menos espaço, mas comportam-se de forma diferente nalgumas situações (particularmente nas ordenações). O valor predefinido é **false**.
- Pesos (documento): O peso é um número que varia de 1 a 99.999 e denota a importância do campo relativamente aos outros campos indexados em termos de pontuação.
- default_language (string): Para um índice de texto, o idioma que determina a lista de palavras de paragem e as regras para o stemmer e o tokenizer. O valor padrão é **inglês**.

3.7.2 O MongoDB fornece vários tipos de índices diferentes para suportar tipos específicos de dados e consultas.

^ Campo único

Para além do índice _id definido pelo MongoDB, o MongoDB suporta a criação de índices ascendentes/descendentes definidos pelo utilizador num único campo de um documento.

db.nome_da_colecção.createIndex({nome_do_campo: 1 ou -1})

O valor 1 corresponde a uma ordem ascendente e -1 a uma ordem descendente.

Por exemplo, tenho uma coleção **studentdata.** Os documentos dentro desta coleção têm os seguintes campos: student_name, student_id e student_age

Se quisermos criar o índice no **campo nome_do_aluno por ordem ascendente:**

db.studentdata.createIndex({nome_do_aluno: 1})

Saída: {
"createdCollectionAutomatically" : falso,
"numIndexesBefore" : 1,
"numIndexesAfter" : 2,
"ok": 1
}

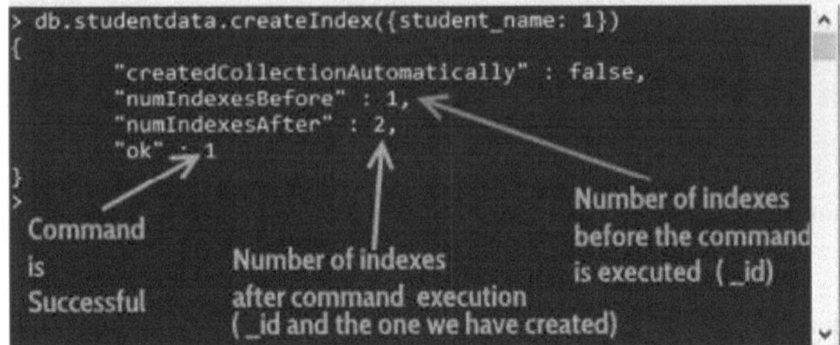

Criámos o índice em studentname, o que significa que quando alguém pesquisar o documento com base em student_name, a pesquisa será mais rápida porque o índice será utilizado para esta pesquisa. Por isso, é importante criar o índice no campo que será frequentemente pesquisado numa coleção. ^ **Índice composto**

O MongoDB também suporta índices definidos pelo utilizador em vários campos, ou seja, índices compostos.

A ordem dos campos listados num índice composto tem significado. Por exemplo, se um índice composto consistir em { userid: 1, score: -1 }, o índice ordena primeiro por userid e depois, dentro de cada valor de userid, ordena por score.

O exemplo seguinte cria um índice composto no campo orderDate (por ordem ascendente) e no campo código postal (por ordem descendente).

```
db.collection.createIndex( { orderDate: 1, zipcode: -1 } )
```

^ **Índice Multikey**

O MongoDB usa índices de várias chaves para indexar o conteúdo armazenado em matrizes. Se indexar um campo que contém um valor de matriz, o MongoDB cria entradas de índice separadas para cada elemento da matriz.

Estes índices multi-key permitem que as consultas seleccionem documentos que contenham matrizes através da correspondência de elementos ou elementos das matrizes.

O MongoDB determina automaticamente se deve criar um índice de várias chaves se o campo indexado contiver um valor de matriz; não é necessário especificar explicitamente o tipo de várias chaves.

Utilização do índice

Os índices podem melhorar a eficiência das operações de leitura.

Consultas abrangidas

Quando os critérios de consulta e a projeção de uma consulta incluem apenas os campos indexados, o MongoDB devolve os resultados diretamente do índice sem digitalizar quaisquer documentos ou trazer documentos para a memória. Essas consultas cobertas podem ser muito eficientes.

Intersecção de índices(Novo na versão 2.6.)

O MongoDB pode usar a intersecção de índices para preencher as consultas. Para consultas que especificam as condições de consulta compostas, se um índice puder preencher uma parte de uma condição de consulta e outro índice puder preencher outra parte da condição de consulta, o MongoDB pode usar a intersecção dos dois índices para preencher a consulta.

Para ilustrar a intersecção de índices, considere as ordens de coleção que têm os seguintes índices:

{ qtd: 1 }

{ item: 1 }
O MongoDB pode utilizar a intersecção dos dois
para suportar a seguinte consulta:
db.orders.find({ item: "abc123", qty: { $gt: 15} })
^ Remover índices
Pode utilizar os seguintes métodos para remover índices:
Método db.collection.dropIndex()
db.nome_da_colecção.dropIndex({nome_do_índice: 1})
db. studentdata. dropIndex({nome_do_aluno: 1})
A operação acima remove um índice ascendente no campo item da coleção items.
Para remover todos os índices, exceto o índice _id de uma coleção, utilize a operação.
db.nome_da_colecção.dropIndexes()
Digamos que queremos eliminar todos os índices da coleção studentdata.
db.studentdata.dropIndexes()
Modificar índices
Para modificar um índice, primeiro, elimine o índice e, em seguida, recrie-o.
Largar índice: Execute a consulta apresentada abaixo para obter um documento que mostre o estado da operação.
db.orders.dropIndex({ "cust_id" : 1, "ord_date" :-1, "items" : 1 })
Recriar o índice: Execute a consulta apresentada abaixo para devolver um documento que mostre o estado dos resultados.
db.orders.createIndex({ "cust_id" : 1, "ord_date" : -1, "items" : -1 })
^ Reconstruir índices
Para além de modificar os índices, também é possível reconstruí-los.
Para reconstruir todos os índices de uma coleção, utilize o método db.collection.reIndex().
Isto eliminará todos os índices, incluindo _id, e reconstruirá todos os índices numa única operação.
Podemos utilizar o método **getIndexes()** para encontrar todos os índices criados numa coleção. A sintaxe para este método é:
db.nome_da_colecção.getIndexes()
Assim, para obter os índices da coleção studentdata, o comando seria: >
db.studentdata.getIndexes() [
{
"v" : 2,
"chave" : {
"_id" : 1
},
"name" : "_id_",
"ns" : "test.studentdata"
}, { "v" : 2, "key" : { "student_name" : 1 }, "name" : "student_name_1", "ns" :
"test.studentdata"
}
]

3.8 Colecções limitadas:

As colecções limitadas **são colecções de tamanho fixo** que suportam operações de elevado débito que inserem e recuperam documentos com base na ordem de inserção. As colecções

limitadas funcionam de forma semelhante aos buffers circulares: quando uma coleção preenche o espaço que lhe foi atribuído, abre espaço para novos documentos substituindo os documentos mais antigos da coleção.
As colecções limitadas restringem as actualizações dos documentos se a atualização resultar num aumento do tamanho do documento. Uma vez que as colecções limitadas armazenam os documentos pela ordem do armazenamento em disco, garante que o tamanho do documento não aumenta o tamanho atribuído no disco. As colecções limitadas são as melhores para armazenar informações de registo, dados de cache ou quaisquer outros dados de grande volume.
Procedimentos

^ **Criar uma coleção limitada**

É necessário criar colecções limitadas explicitamente utilizando o método **db.createCollection()**, mas com a opção **capped** como **true** e especificando o tamanho máximo da coleção em bytes, que é um auxiliar na shell do Mongo para o comando create. Ao criar uma coleção com limite, tem de especificar o tamanho máximo da coleção em bytes, que o MongoDB irá pré-alocar para a coleção. O tamanho da coleção limitada inclui uma pequena quantidade de espaço para despesas gerais internas.

>db.createCollection("cappedLogCollection",{capped:true,size:10000})

Para além do tamanho da coleção, também podemos limitar o número de documentos na coleção utilizando o parâmetro **max** -

>db.createCollection("cappedLogCollection",{capped:true,size:10000,max:1000})

^ **Consultar uma coleção com limite**

Se você executar um find() em uma coleção limitada sem ordenação especificada, o MongoDB garante que a ordenação dos resultados é a mesma que a ordem de inserção.
Para recuperar documentos por ordem de inserção inversa, execute find() juntamente com o método sort() com o parâmetro $natural definido para -1, como mostrado no exemplo seguinte:

db.cappedCollection.find().sort({ $natural: -1 })

>db. cappedLogCollection.find(). sort({ $natural :-1})

^ **Verificar se uma coleção está limitada**

Utilize o método **isCapped()** para determinar se uma coleção está limitada, da seguinte forma:

db.collection.isCapped()

>db.cappedLogCollection.isCapped()

Converter uma coleção em limitada

Pode converter uma coleção não nivelada numa coleção nivelada com o comando convertToCapped:

db.runCommand({"convertToCapped": "mycoll", size: 100000});

O parâmetro size especifica o tamanho da coleção limitada em bytes.

CAPÍTULO 4

Faísca

4.1 Instalação da faísca

1. Escolha uma versão do Spark: 3.1.2 (01 de junho de 2021)3.0.3 (23 de junho de 2021)
2. Escolha um tipo de pacote: Pré-construído para o Apache Hadoop 3.2 e posterior Pré-construído para o Apache Hadoop 2.7 Pré-construído com o código-fonte do Apache Hadoop fornecido pelo utilizador
3. Descarregar o Spark: spark-3.1.2-bin-hadoop3.2.tgz
4. Verifique esta versão utilizando as assinaturas 3.1.2, as somas de verificação e as chaves de versão do projeto.

Passo 1: Aceda à página oficial de transferência do Apache Spark e escolha a versão mais recente.

Ex: Escolher uma versão do Spark: 3.1.2 (01 de junho de 2021)3.0.3 (23 de junho de 2021)

Passo 2: Para o tipo de pacote, escolha "Pre-built for Apache Hadoop" e descarregue o Spark.

Ex: spark-3.1.2-bin-hadoop3.2.tgz

Figura abaixo para referência

Etapa 3: Extraia o arquivo tar do Spark usando o seguinte comando: $ tar xvf spark-3.1.2-bin-hadoop3.2.tgz

Passo 4: Mova os ficheiros do software Spark para o diretório utilizando os seguintes comandos: /usr/local/spark $ su -

Etapa 5: Agora, configure o ambiente para o Spark

Para isso, é necessário adicionar o seguinte caminho ao arquivo **~/.bashrc**, que adicionará o local onde os arquivos do software Spark estão localizados ao tipo de variável PATH.

```
exportar PATH = $PATH:/usr/local/spark/bin
```

- Utilize o comando abaixo para obter o ficheiro ~/.bashrc $ source ~/.bashrc

Passo 6: Verificar a instalação do Spark no seu sistema

O seguinte comando abrirá a versão da aplicação Spark shell: $spark-shell

Note-se que o Spark 2.x é pré-construído com Scala 2.11, exceto a versão 2.4.2, que é pré-construída com Scala 2.12. O Spark 3.0+ é pré-construído com o Scala 2.12.

4.2 Aplicações Spark:

1. Processamento de dados em fluxo contínuo

O aspeto mais maravilhoso do Apache Spark é a sua capacidade de processar dados em fluxo contínuo. A cada segundo, uma quantidade sem precedentes de dados é gerada globalmente. Isso faz com que empresas e negócios processem dados em grandes volumes e os analisem em tempo real. O recurso Spark Streaming pode lidar eficientemente com essa função. Ao unificar capacidades díspares de processamento de dados, o Spark Streaming permite que os programadores utilizem uma única estrutura para acomodar todos os seus requisitos de processamento. Alguns dos melhores recursos do Spark Streaming são:

- **Streaming ETL (extrair, transformar, carregar)** - O Streaming ETL do Spark limpa e agrega continuamente os dados antes de os enviar para os repositórios de dados, ao contrário do processo complicado das ferramentas ETL (extrair, transformar, carregar) convencionais utilizadas para o processamento em lote em ambientes de armazém de dados - primeiro lêem os dados, depois convertem-nos para um formato compatível com a base de dados e, por fim, escrevem-nos na base de dados de destino.
- **Enriquecimento de dados** - Esta funcionalidade ajuda a enriquecer a qualidade dos dados, combinando-os com dados estáticos, promovendo assim a análise de dados em tempo real. Os profissionais de marketing em linha utilizam as capacidades de enriquecimento de dados para combinar dados históricos de clientes com dados de comportamento de clientes em tempo real para apresentar anúncios personalizados e direccionados aos clientes em tempo real.
- **Deteção de eventos de disparo** - A funcionalidade de deteção de eventos de disparo permite-lhe detetar e responder prontamente a comportamentos invulgares ou "eventos de disparo" que podem comprometer o sistema ou criar um problema grave no mesmo.
- Enquanto as instituições financeiras utilizam esta capacidade para detetar transacções fraudulentas, os prestadores de cuidados de saúde utilizam-na para identificar alterações potencialmente perigosas nos sinais vitais de um doente e enviar automaticamente alertas aos prestadores de cuidados de saúde para que estes possam tomar as medidas adequadas.
- **Análise de sessões complexas** - O Spark Streaming permite agrupar sessões e eventos ao vivo (por exemplo, a atividade do utilizador depois de iniciar sessão num site/aplicação) e também analisá-los. Além disso, esta informação pode ser utilizada para atualizar continuamente os modelos de ML. A Netflix utiliza esta funcionalidade para obter informações sobre o comportamento dos clientes em tempo real na plataforma e para criar recomendações de programas mais direccionadas para os utilizadores.

2. Aprendizagem automática

O Spark tem capacidades de aprendizagem automática louváveis. Está equipado com uma estrutura integrada para efetuar análises avançadas que permite executar consultas repetidas em conjuntos de dados. Isso, em essência, é o processamento de algoritmos de aprendizado de máquina. **A biblioteca de aprendizagem automática (MLlib) é um dos componentes de aprendizagem automática mais potentes do Spark.**

Esta biblioteca pode efetuar clustering, classificação, redução de dimensionalidade e muito mais. Com a MLlib, o Spark pode ser usado para muitas funções de Big Data, como análise de sentimentos, inteligência preditiva, segmentação de clientes e mecanismos de recomendação, entre outras coisas.

Outra aplicação digna de menção do Spark é a segurança de rede. Ao aproveitar os diversos componentes da pilha Spark, os fornecedores/empresas de segurança podem inspecionar pacotes de dados em inspecções em tempo real para detetar quaisquer vestígios de atividade maliciosa. O Spark Streaming permite-lhes verificar quaisquer ameaças conhecidas antes de passar os pacotes para o repositório.

Quando os pacotes chegam ao repositório, eles são analisados por outros componentes do Spark (por exemplo, MLlib). Desta forma, o Spark ajuda os fornecedores de segurança a identificar e detetar ameaças à medida que estas surgem, permitindo-lhes assim solidificar a segurança do cliente.

3. Computação em nevoeiro

A computação em nevoeiro **descentraliza o processamento e o armazenamento de dados**. No entanto, certas complexidades acompanham a Computação em Névoa - ela requer baixa latência, processamento paralelo massivo de ML e algoritmos de análise de gráficos incrivelmente complexos. Graças aos componentes vitais da pilha, como Spark Streaming, MLlib e GraphX (um mecanismo de análise de gráficos), o Spark tem um desempenho excelente como uma solução de computação em nevoeiro capaz.

Cluster: Um **Cluster** é um grupo de JVMs (nós) conectados pela rede, cada um dos quais executa o Spark, seja em funções de **Driver** ou **Worker.**

Condutor: O **Driver** é um dos nós do **Cluster**. O driver não executa cálculos (filter, map, reduce, etc). Ele desempenha o papel de um nó mestre no cluster do Spark.

Quando chama collect() a um RDD ou Dataset, todos os dados são enviados para o **Driver**. É por isso que deve ter cuidado ao chamar collect().

Os executores são JVMs que são executadas em nós de trabalho.

Estas são as JVMs que realmente executam **as tarefas** nas **partições** de dados.

Trabalhos, fases e tarefas do Spark

Tarefa - Uma **tarefa** é uma sequência de **fases**, desencadeada por uma **ação** como como; .count(), foreachRdd(), collect(), read() or write().

Uma computação paralela que consiste em várias tarefas que são geradas em resposta a uma ação do Spark (por exemplo, save(), collect()). Durante sessões interativas com shells do Spark, o driver converte seu aplicativo Spark em um ou mais trabalhos do Spark. Em seguida, ele transforma cada trabalho em um DAG. Isso, em essência, é o plano de execução do Spark, onde cada nó dentro de um DAG pode ser um ou vários estágios do Spark. Quando o Spark encontra uma função que requer um shuffle, ele cria um novo estágio. As funções de transformação, como reduceByKey(), Join(), etc., accionam uma baralhação e resultam numa nova etapa. O Spark também criará um estágio quando estiver a ler um conjunto de dados

Etapa - Uma **Etapa** é uma sequência de **Tarefas** que podem ser executadas **em** conjunto, **em paralelo**, sem uma baralhação.

Por exemplo: usar .read para ler um arquivo do disco, depois executar .map e .filter pode ser feito sem um shuffle, para que caiba em um único estágio.

Cada tarefa é dividida em conjuntos mais pequenos de tarefas denominadas fases que dependem umas das outras. Como parte dos nós DAG, os estágios são criados com base nas operações que podem ser executadas em série ou em paralelo. Nem todas as operações do Spark podem ocorrer num único estágio, portanto, elas podem ser divididas em vários estágios. Muitas vezes, os estágios são delineados nos limites de computação do operador, onde eles ditam a transferência de dados entre os executores do Spark.

Tarefa -

A tarefa é a unidade de execução mais pequena/única no Spark. Uma tarefa no Spark executa uma série de instruções. Por exemplo, a leitura de dados, a filtragem e a aplicação de map() nos dados podem ser combinadas numa tarefa. As tarefas são executadas dentro de um executor.

Uma **tarefa** é uma única operação (.map ou .filter) aplicada a uma única **partição**. Cada **tarefa** é executada como um único thread num **executor**. Se o seu conjunto de dados tiver 2 **Partições**, uma operação como filter() accionará 2 **Tarefas**, uma para cada **Partição**.
Como cada estágio é composto de tarefas do Spark (uma unidade de execução), que são então federadas em cada executor do Spark; cada tarefa é mapeada para um único núcleo e trabalha em uma única partição de dados. Assim, um executor com 16 núcleos pode ter 16 ou mais tarefas trabalhando em 16 ou mais partições em paralelo, tornando a execução das tarefas do Spark extremamente paralela!

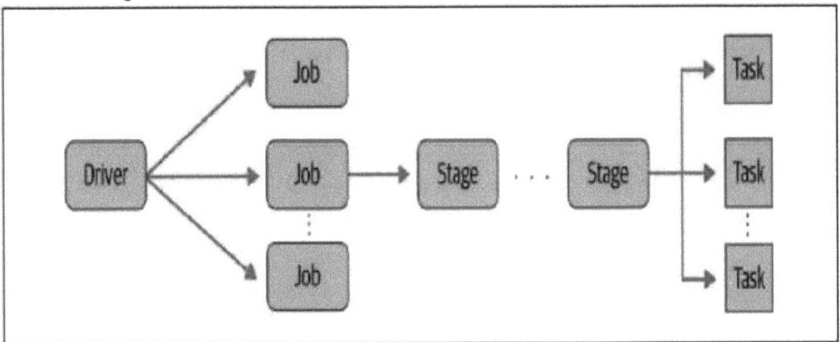

4.3 Bases de dados distribuídas resilientes

Resilient Distributed Datasets (RDD) é uma estrutura de dados fundamental do Spark. Trata-se de uma **coleção distribuída imutável de objectos.** Cada conjunto de dados no RDD é dividido em partições lógicas, que podem ser computadas em diferentes nós do cluster. Os RDDs podem conter qualquer tipo de objectos Python, Java ou Scala, incluindo classes definidas pelo utilizador. Formalmente, um RDD é uma coleção de registos particionada e só de leitura. Os RDDs podem ser criados através de operações determinísticas em dados no armazenamento estável ou noutros RDDs. O RDD é uma coleção de elementos **tolerante a falhas** que pode ser operada em paralelo. Há duas maneiras de criar RDDs - paralelizando uma coleção existente no seu programa de driver ou referenciando um conjunto de dados em um sistema de armazenamento externo, como um sistema de arquivos compartilhado, HDFS, HBase ou qualquer fonte de dados que ofereça um formato de entrada do Hadoop. O Spark utiliza o conceito de RDD para **obter operações de MapReduce mais rápidas e eficientes.** Vamos primeiro discutir como as operações MapReduce ocorrem e por que elas não são tão eficientes.

4.4 Anatomia de uma execução de trabalho Spark

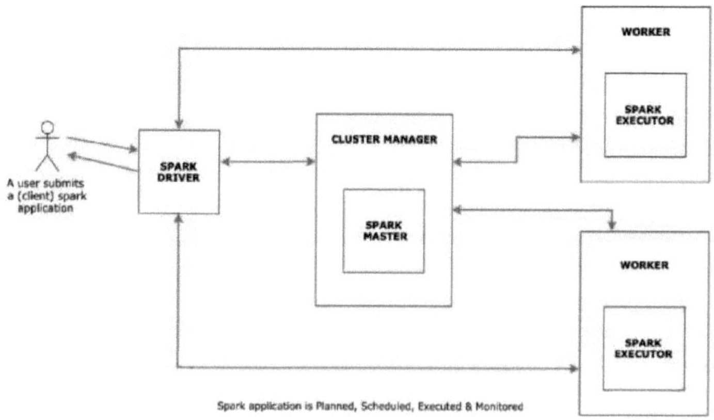

Anatomy of a Spark job run

A aplicação Spark contém vários componentes, todos eles existentes, quer esteja a executar o Spark numa única máquina ou num cluster de centenas ou milhares de nós. Os componentes do aplicativo Spark são o driver, o mestre, o gerenciador de cluster e os executores. Todos os componentes do Spark, incluindo o driver, o mestre e os processos do executor, são executados em máquinas virtuais Java (JVMs). Uma JVM é um mecanismo de tempo de execução de plataforma cruzada que executa as instruções compiladas no bytecode java. Scala, no qual o Spark é escrito, compila em bytecode e é executado em JVMs.

4.5 Spark em YARN:

O YARN é uma estrutura genérica de gestão de recursos para cargas de trabalho distribuídas; por outras palavras, um sistema operativo ao nível do cluster. Embora faça parte do ecossistema Hadoop, o YARN pode suportar uma série de estruturas de computação variadas (como o Tez e o Spark) para além do MapReduce. O tema central do YARN é a divisão das funcionalidades de gestão de recursos num ResourceManager (RM) global e num ApplicationMaster (AM) por aplicação. Uma aplicação é a unidade de programação num cluster YARN; trata-se de um único trabalho ou de um DAG de trabalhos (por trabalho entende-se um trabalho Spark, uma consulta Hive ou qualquer outra construção semelhante).

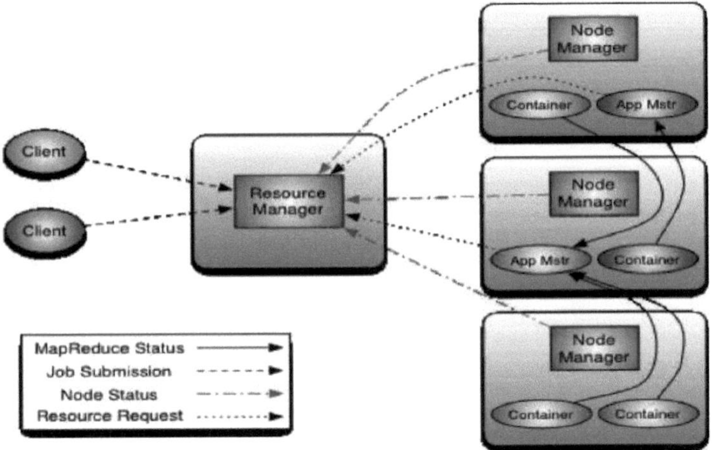

Arquitetura YARN

O ResourceManager e o NodeManager formam a estrutura de computação de dados. O ResourceManager é a autoridade máxima que arbitra os recursos entre todas as aplicações do sistema. O NodeManager é o agente por máquina que é responsável pelos contentores, monitorizando a sua utilização de recursos (cpu, memória, disco, rede) e reportando o mesmo ao ResourceManager/Scheduler. O ApplicationMaster por aplicação é, na verdade, uma biblioteca específica do framework e tem a tarefa de negociar recursos do ResourceManager e trabalhar com o(s) NodeManager(s) para executar e monitorar as tarefas. O Apache Spark é um mecanismo de processamento de dados distribuídos na memória e o YARN é uma tecnologia de gerenciamento de cluster. Ao executar o Spark no YARN, cada executor do Spark é executado como um contêiner YARN. Enquanto o MapReduce agenda um contentor e inicia uma JVM para cada tarefa, o Spark aloja várias tarefas no mesmo contentor. Essa abordagem permite um tempo de inicialização de tarefas várias ordens de magnitude mais rápido.

4.6 O Spark suporta dois modos de execução no YARN: o modo "yarn-cluster" e o modo "yarn-client"

Em termos gerais, o modo yarn-cluster faz sentido para trabalhos de produção, enquanto o modo yarn-client faz sentido para usos interativos e de depuração em que você deseja ver a saída do seu aplicativo imediatamente. Para entender a diferença, é necessário entender o conceito do Application Master do YARN. No YARN, cada instância de aplicativo tem um processo Application Master, que é o primeiro contêiner iniciado para esse aplicativo. A aplicação é responsável por solicitar recursos ao ResourceManager e, quando estes lhe são atribuídos, informar os NodeManagers para iniciarem os contentores em seu nome. Os Mestres de Aplicação evitam a necessidade de um cliente ativo - o processo que inicia a aplicação pode desaparecer e a coordenação continua a partir de um processo gerido pelo YARN em execução no cluster. Em particular, a localização do controlador em relação ao cliente e ao ApplicationMaster define o modo de implantação em que uma aplicação Spark é executada: Modo de cliente YARN ou modo de cluster YARN.

4.7 Modo de aglomerado de fios

No modo yarn-cluster, o driver é executado no Application Master. O programa do driver, neste modo, é executado no Application Master, que por sua vez é executado em um contêiner no cluster YARN. O cliente YARN apenas obtém o status do Application Master. Neste caso, o cliente pode sair após a apresentação da aplicação. Isso significa que o mesmo processo é responsável por conduzir o aplicativo e solicitar recursos do YARN, e esse processo é executado dentro de um contêiner YARN. O cliente que inicia a aplicação não precisa de permanecer durante todo o seu tempo de vida.

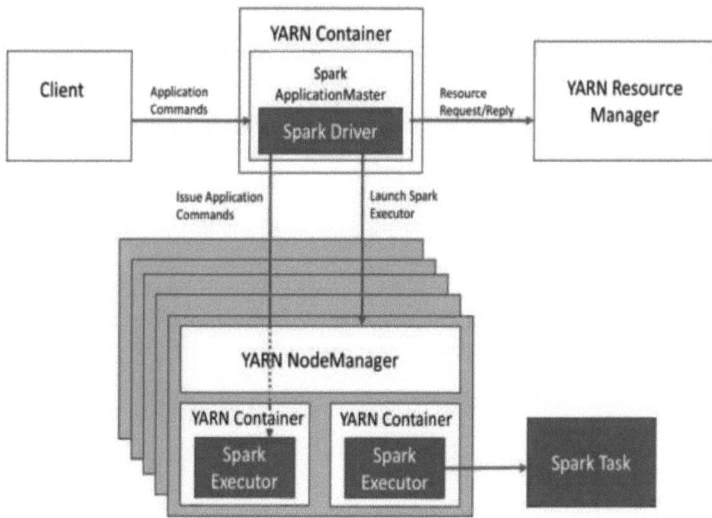

4.8 Modo cliente Yarn

O modo yarn-cluster, no entanto, não é adequado para usar o Spark interativamente. Os aplicativos Spark que exigem entrada do usuário, como spark-shell e PySpark, precisam que o driver Spark seja executado dentro do processo cliente que inicia o aplicativo Spark.

No modo cliente yarn, o Application Master está apenas presente para solicitar contentores de executores ao YARN. Um programa que submete uma aplicação ao YARN é designado por cliente YARN.

Modo cliente: **O programa do driver, neste modo, é executado no cliente YARN. Assim, o driver não é gerido como parte do cluster YARN.**

O cliente comunica com esses contentores para programar os trabalhos após o seu início:

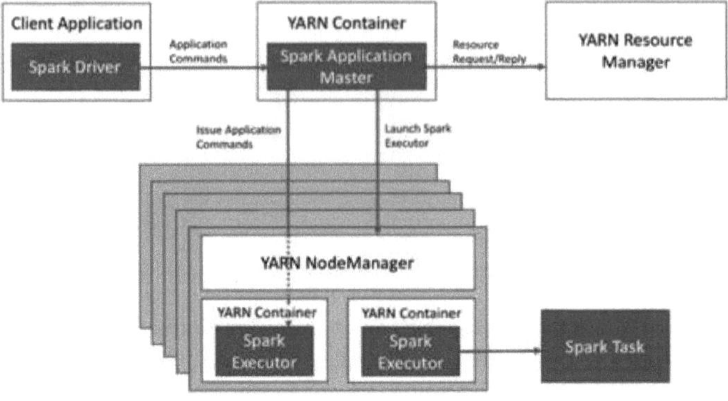

	YARN Cluster	YARN Client	Spark Standalone
Driver runs in:	Application Master	Client	Client
Who requests resources?	Application Master	Application Master	Client
Who starts executor processes?	YARN NodeManager	YARN NodeManager	Spark Slave
Persistent services	YARN ResourceManager and NodeManagers	YARN ResourceManager and NodeManagers	Spark Master and Workers
Supports Spark Shell?	No	Yes	Yes

4.9 Diferentes modos de implementação no cluster

No modo de cluster do Yarn, o cliente Spark submeterá a aplicação Spark ao yarn, tanto o Spark Driver como o Spark Executor estão sob a supervisão do yarn. No modo cliente do yarn, apenas o Spark Executor está sob a supervisão do yarn. O Yarn ApplicationMaster solicitará recursos apenas para o executor do Spark. O programa driver está a ser executado no processo cliente que não tem nada a ver com o yarn.

CAPÍTULO 5

SCALA

5.1 Introdução

Scala, uma linguagem de programação poderosa e expressiva, combina perfeitamente os paradigmas de programação orientada a objectos e funcional, oferecendo uma plataforma robusta para a criação de aplicações de software escaláveis e de fácil manutenção. Desenvolvido com foco na elegância e no pragmatismo, o Scala ganhou popularidade por sua concisão, versatilidade e compatibilidade com o código Java existente. No seu núcleo, o Scala é executado na Máquina Virtual Java (JVM), permitindo que os programadores utilizem bibliotecas e estruturas Java sem problemas. Esta interoperabilidade permite uma transição suave para os programadores Java e facilita a integração de Scala em projectos Java existentes. A sintaxe do Scala é concisa e expressiva, reduzindo o código boilerplate e melhorando a legibilidade do código. Incorpora conceitos de programação funcional, como imutabilidade e funções de ordem superior, permitindo que os programadores escrevam código claro, conciso e modular. O suporte da linguagem para correspondência de padrões simplifica ainda mais a lógica condicional complexa.

A programação orientada a objectos em Scala é intuitiva, com a linguagem a oferecer classes, traços e classes de casos para definir estruturas de dados. O sistema de tipos do Scala é robusto, fornecendo tipagem estática com inferência de tipos, permitindo que os programadores escrevam código seguro sem a verbosidade frequentemente associada a linguagens com tipagem estática. O foco de Scala na concorrência é evidente no seu suporte para modelos de concorrência baseados em actores, inspirados em Erlang. A estrutura Akka, construída em Scala, melhora ainda mais as capacidades da linguagem para construir sistemas concorrentes e distribuídos. Com um rico ecossistema de bibliotecas e frameworks, Scala atende a diversos domínios de aplicação. O Play Framework para desenvolvimento web, o Apache Spark para processamento de big data e o Akka para sistemas distribuídos são apenas alguns exemplos da versatilidade do Scala. A capacidade do Scala de encontrar um equilíbrio entre uma sintaxe concisa e funcionalidades poderosas posiciona-o como uma linguagem ideal para o desenvolvimento de sistemas complexos, desde pequenos scripts a aplicações distribuídas em grande escala. Sua crescente comunidade, extensa documentação e desenvolvimento ativo fazem de Scala uma escolha atraente para desenvolvedores que buscam uma linguagem de programação moderna, expressiva e escalável.

5.2 Características do Scala

- **Orientada a objectos:** Cada valor em Scala é um objeto, portanto é uma linguagem de programação puramente orientada a objetos. O comportamento e o tipo de objectos são representados pelas classes e traços em Scala.
- **Funcional:** É também uma linguagem de programação funcional, uma vez que cada função é um valor e cada valor é um objeto. Oferece suporte para funções de ordem superior, funções aninhadas, funções anónimas, etc.
- **Tipagem estática:** O processo de verificação e imposição das restrições de tipos é feito em tempo de compilação em Scala. Ao contrário de outras linguagens de programação estaticamente tipadas, como C++, C etc., Scala não espera que o usuário forneça informações redundantes sobre o tipo. Na maioria dos casos, o utilizador não tem necessidade de

especificar um tipo.

- **Extensível:** Novas construções de linguagem podem ser adicionadas ao Scala na forma de bibliotecas. Scala é projetado para interpolar com o JRE (Java Runtime Environment).
- **Processamento Concorrente e Sincronizado:** Scala permite ao utilizador escrever os códigos de uma forma imutável, o que facilita a aplicação do paralelismo (Synchronize) e da simultaneidade.

5.3 Classes e objectos

Uma classe é um modelo para objectos. Uma vez definida uma classe, é possível criar objectos a partir do modelo da classe com a palavra-chave new. Através do objeto, é possível utilizar todas as funcionalidades da classe definida.

Classe

Em Scala, uma declaração de classe contém a palavra-chave class, seguida de um identificador (nome) da classe. Mas há alguns atributos opcionais que podem ser usados com a declaração de classe de acordo com os requisitos da aplicação. Em geral, as declarações de classe podem incluir estes componentes, por ordem:

- **Palavra-chave class:** A palavra-chave class é utilizada para declarar o tipo de classe.
- **Nome da turma:** O nome deve começar com uma letra inicial (maiúscula por convenção).
- **Superclasse(se existir):**O nome da classe-mãe (superclasse) da classe, se existir, precedido do carácter
palavra-chave extends. Uma classe só pode estender (subclasse) uma classe-mãe.
- **Traits(se houver):** Uma lista separada por vírgulas de características implementadas pela classe, se houver, precedida pela palavra-chave extends. Uma classe pode implementar mais de uma caraterística.
- **Corpo:** O corpo da classe está rodeado por { } (chavetas).

```
classe Nome_da_classe{
// métodos e campos
}
```

Nota: O modificador predefinido da classe é public.

Segue-se uma sintaxe simples para definir uma classe básica em Scala. Esta classe define duas variáveis x e y e um método: move, que não devolve um valor. As variáveis da classe são chamadas de campos da classe e os métodos são chamados de métodos da classe.

É necessário inicializar todas as variáveis de instância da classe.

Não existe um âmbito de acesso predefinido. Se não for especificado o âmbito de acesso, o método é público. Tem de existir um objeto no qual o método main é definido. Ele fornece o ponto de partida para o seu programa.

O nome da classe funciona como um construtor de classe que pode receber vários parâmetros. O código acima define dois argumentos do construtor, xc e yc; ambos são visíveis em todo o corpo da classe.

```
classe Ponto
{
// Variáveis de classe
var x: Int = 50;            // Todos os campos devem ser inicializados
var y: Int = 50;
class Point (xc:Int,yc:Int,)
{
```

```
var x: Int = xc;
var y: Int = yc;
}
// Métodos de classe
def Displaypoint()
{
println("Coeficiente X: " + x);
println("Coordenada Y: " + y);
}
def Mover(dx:Int, dy:Int)
{
X=x+dx
Y=y+dy
println("Localização do ponto x: " + x);
println("Localização do ponto y: " + y);
}
}
objeto MainObject
{
// Método principal
def main(args: Array[String])
{
// Objeto de classe
var p1 = new Point(); // Criar um objeto
var p2 = new Point(100,100) // Passagem de valores para o construtor
p1.Displaypoint();
}
}
```

pode criar objectos utilizando a palavra-chave new e depois pode aceder aos campos e métodos da classe Class Point

```
{
// Variáveis de classe
var x: Int = 0; // Todos os campos devem ser inicializados
var y: Int = 0;
var figname: String = null;
class Point (xc:Int,yc:Int,fname:String)
{
var x: Int = xc;
var y: Int = yc;
var figname: String = fname
}
// Métodos de classe
def Displaypoint()
{
println("Nome da figura : " + nome da figura);
println("Coeficiente X: " + x);
```

```
println("Coordenada Y: " + y);
}
def Mover(dx:Int, dy:Int)
{
X=x+dx
Y=y+dy
println("Localização do ponto x: " + x);
println("Localização do ponto y: " + y);
}
}
```

Objeto anónimo Scala

Em scala, é possível criar objectos anónimos. Um objeto que não tem nome de referência é designado por objeto anónimo. É bom criar um objeto anónimo quando não se pretende reutilizá-lo mais tarde.

```
classe Myadd{
def add(a:Int, b:Int){
var add = a+b;
println("sum = "+add);
}
}
objeto MainObject{
def main(args:Array[String]){
new Myadd().add(10,10);
}
}
```

5.4 Construtor Scala

Em Scala, o construtor não é um método especial. Scala fornece construtores primários e qualquer número de construtores auxiliares. Explicámos cada um deles em pormenor no exemplo seguinte.

5.4.1 Construtor primário predefinido em Scala

Em scala, se não especificarmos o construtor primário, o compilador cria um construtor que é conhecido como construtor primário. Todas as declarações do corpo da classe são tratadas como parte do construtor. Também é conhecido como construtor padrão.

```
classe Aluno{
println("Olá do construtor por defeito");
}
```

5.4.2 Construtor primário em Scala

Scala fornece um conceito de construtor primário com a definição de classe. Não precisa de definir explicitamente um construtor se o seu código tiver apenas um construtor. Isso ajuda a otimizar o código. É possível criar um construtor primário com zero ou mais parâmetros.

```
class Point (xc:Int,yc:Int,)
{
var x: Int = xc;
var y: Int = yc;
}
objeto MainObject
```

```
{
// Método principal
def main(args: Array[String])
{
// Objeto de classe
var p2 = new Point(100,100) // Passagem de valores para o construtor }
}
```

5.4.3 Construtor secundário (auxiliar) em Scala

Pode criar qualquer número de construtores auxiliares numa classe. Deve chamar o construtor principal a partir do interior do construtor auxiliar. Esta palavra-chave é utilizada para chamar o construtor a partir de outro construtor. Quando chamar outro construtor, faça-o na primeira linha do seu construtor.

```
class Aluno(id:Int, nome:String){
var idade:Int = 0
def showDetails(){
println(id+" "+nome+" "+idade)
}
def this(id:Int, name:String,age:Int){
this(id,name) // Chamando o construtor primário, e é a primeira linha this.age = age
}
}
objeto MainObject{
def main(args:Array[String]){
var s = novo Aluno(101, "Rama",20);
s.showDetails()
}
}
```

5.5 Classes implícitas

Scala 2.10 introduziu um novo recurso chamado *classes implícitas*. Uma *classe implícita* é uma classe marcada com a palavra-chave implicit. Esta palavra-chave torna o construtor primário da classe disponível para conversões implícitas quando a classe está no escopo. Classes implícitas permitem conversões implícitas com o construtor primário da classe quando a classe está no escopo.

Sintaxe - Segue-se a sintaxe para classes implícitas. Aqui, a classe implícita está sempre no âmbito do objeto, onde todas as definições de métodos são permitidas, porque a classe implícita não pode ser uma classe de nível superior.

Podemos adicionar facilmente alguns métodos úteis a classes incorporadas como *Int* ou *String*.

"Uma classe implícita deve ser definida num âmbito onde as definições de métodos são permitidas (não no nível superior)." Isto significa que a sua classe implícita deve ser definida num destes locais:

- Uma classe
- Um objeto
- Um objeto de pacote

Sintaxe

```
objeto <nome do objeto> {
classe implícita <nome da classe>(<Variável>: Tipo de dados)
{
def <method>(): Unit =
}
}
```

Para criar uma classe implícita, basta colocar a palavra-chave implicit à frente de uma classe apropriada. Para que uma classe implícita funcione, o seu nome deve estar no âmbito e não ser ambíguo, como qualquer outro valor implícito ou conversão.

Exemplo:

A classe String não tem um método withoutVowels. Este pode ser adicionado da seguinte forma:

```
objeto StringUtil {
classe implícita StringEnhancer(str: String) {
def withoutVowels: String = str.replaceAll("[aeiou]", "")
}
}
```

A classe implícita tem um único parâmetro de construtor (str) com o tipo que gostaria de estender (String) e contém o método que gostaria de "adicionar" ao tipo (withoutVowels). Os novos métodos definidos podem agora ser utilizados diretamente no tipo melhorado (quando o tipo melhorado está no âmbito implícito):

```
import StringUtil.StringEnhancer // Traz StringEnhancer para o escopo implícito
println("Hello world".withoutVowels) // Hll wrld
```

Objectos Singleton

Scala é mais orientado a objetos do que Java porque, em Scala, não podemos ter membros estáticos. Em vez disso, Scala tem objectos singleton. O objeto singleton é um objeto que é declarado utilizando a palavra-chave object em vez de class. Nenhum objeto é necessário para chamar métodos declarados dentro do objeto singleton.

Uma vez que não é possível instanciar um objeto singleton, não é possível passar parâmetros ao construtor primário. object Name{

```
// código...
}
```

- O método no objeto singleton é globalmente acessível.
- Não é permitido criar uma instância de um objeto singleton.
- Não é permitido passar parâmetros no construtor primário de um objeto singleton.
- Em Scala, um objeto singleton pode estender a classe e as características.
- Em Scala, um método principal está sempre presente num objeto singleton.

O método no objeto singleton é acedido com o nome do objeto (tal como chamar um método estático em Java), pelo que não é necessário criar um objeto para aceder a este método. **object** Singleton{

```
def main(args:Array[String]){
SingletonObject.hello()         // Não é necessário criar o objeto.
}
}
objeto SingletonObject{
def hello(){
```

println("Olá, este é um objeto Singleton")
}
}

5.6 Variável mutável

É possível criar uma variável mutável utilizando a palavra-chave **var**. Esta permite-lhe alterar o valor após a declaração da variável.

1. **var** dados = 100
2. data = 101 // Funciona, não há erro.

No código acima, **var** é uma palavra-chave e data é o nome de uma variável. Ela contém um valor inteiro 100. Scala é uma linguagem que infere tipos, pelo que não é necessário especificar explicitamente o tipo de dados. Também pode mencionar o tipo de dados da variável explicitamente, como utilizámos em baixo.

Outro exemplo de variável

1. **var** data:**Int** = 100 // Aqui, mencionámos Int seguido de : (dois pontos)

Variável imutável

1. **val** dados = 100
2. data = 101 // Erro: reatribuição a val

O código acima gera um erro porque alterámos o conteúdo de uma variável imutável, o que não é permitido. Por isso, se quiser alterar o conteúdo, é aconselhável utilizar **var** em vez de **val**.

5.7 Tipos e operadores básicos Tipos de dados básicos:

N.º Sr.	Tipo de dados	Descrição
1	Byte	Valor assinado de 8 bits. Intervalo de -128 a 127
2	Curto	Valor assinado de 16 bits. Intervalo -32768 a 32767
3	Int	Valor assinado de 32 bits. Intervalo -2147483648 a 2147483647
4	Longo	Valor assinado de 64 bits. -9223372036854775808 a 9223372036854775807
5	Flutuador	32 bits IEEE 754 flutuador de precisão simples
6	Duplo	Flutuador de dupla precisão IEEE 754 de 64 bits
7	Char	Carácter Unicode não assinado de 16 bits. Intervalo de U+0000 a U+FFFF
8	Cordas	Uma sequência de caracteres
9	Booleano	Ou o literal verdadeiro ou o literal falso
10	Unidade	Corresponde a nenhum valor
11	Nulo	referência nula ou vazia
12	Nada	O subtipo de todos os outros tipos; não inclui valores
13	Qualquer	O supertipo de qualquer tipo; qualquer objeto é do tipo Any
14	QualquerRef	O supertipo de qualquer tipo de referência

Operadores:

Um operador é um símbolo que diz ao compilador para efetuar manipulações matemáticas ou lógicas específicas. Scala é rico em operadores embutidos e fornece os seguintes tipos de operadores -

- Operadores aritméticos
- Operadores relacionais
- Operadores lógicos

- Operadores bit a bit
- Operadores de atribuição

^ **Operadores aritméticos**

Os seguintes operadores aritméticos são suportados pela linguagem Scala.

Operador	Descrição
+	Adiciona dois operandos
-	Subtrai o segundo operando do primeiro
*	Multiplica ambos os operandos
/	Divide o numerador pelo de-numerador
%	O operador de módulo encontra o resto após a divisão de um número por outro

^ **Operadores relacionais**

Os seguintes operadores relacionais são suportados pela linguagem Scala

Operador	Descrição
==	Verifica se os valores de dois operandos são iguais ou não; em caso afirmativo, a condição torna-se verdadeira.
!=	Verifica se os valores de dois operandos são iguais ou não; se os valores não forem iguais, a condição torna-se verdadeira.
Operador	**Descrição**
>	Verifica se o valor do operando da esquerda é maior do que o valor do operando da direita; em caso afirmativo, a condição torna-se verdadeira.
<	Verifica se o valor do operando esquerdo é inferior ao valor do operando direito; em caso afirmativo, a condição torna-se verdadeira.
>=	Verifica se o valor do operando da esquerda é maior ou igual ao valor do operando da direita; em caso afirmativo, a condição torna-se verdadeira.
<=	Verifica se o valor do operando esquerdo é menor ou igual ao valor do operando direito; em caso afirmativo, a condição torna-se verdadeira.

Operadores lógicos

Os seguintes operadores lógicos são suportados pela linguagem Scala.

<table>
<tr><th>Operador</th><th>Descrição</th></tr>
<tr><td>&&</td><td>É designado por operador lógico AND. Se ambos os operandos forem diferentes de zero, a condição torna-se verdadeira.</td></tr>
<tr><td>||</td><td>Chama-se operador lógico OR. Se qualquer um dos dois operandos for diferente de zero, então a condição torna-se verdadeira.</td></tr>
<tr><td>!</td><td>Chama-se operador lógico NOT. Utiliza-se para inverter o estado lógico do seu operando. Se uma condição for verdadeira, o operador lógico NOT torná-la-á falsa.</td></tr>
</table>

Operadores bit a bit

O operador bit a bit trabalha com bits e efectua operações bit a bit. As tabelas de verdade para &, | eл são as seguintes -

<table>
<tr><th>p</th><th>q</th><th>p & q</th><th>p | q</th><th>p л q</th></tr>
<tr><td>0</td><td>0</td><td>0</td><td>0</td><td>0</td></tr>
<tr><td>0</td><td>1</td><td>0</td><td>1</td><td>1</td></tr>
<tr><td>1</td><td>1</td><td>1</td><td>1</td><td>0</td></tr>
<tr><td>1</td><td>0</td><td>0</td><td>1</td><td>1</td></tr>
</table>

Operador	Descrição
&	O operador binário AND copia um bit para o resultado se este existir em ambos os operandos.
1	O operador binário OR copia um bit se este existir em qualquer um dos operandos.
л	O operador XOR binário copia o bit se este estiver definido num operando, mas não em ambos.
~	O operador de complemento de um binário é unário e tem o efeito de "inverter" bits.
<<	Operador Binário de Deslocamento à Esquerda. As posições de bit do valor do operando esquerdo são deslocadas para a esquerda pelo número de bits especificado pelo operando direito.
>>	Operador binário de deslocamento à direita. As posições de bits do valor do operando esquerdo são deslocadas para a direita pelo número de bits especificado pelo operando direito.
>>>	Operador de deslocamento à direita com preenchimento de zero. O valor do operando da esquerda é deslocado para a direita pelo número de bits especificado pelo operando da direita e os valores deslocados são preenchidos com zeros.

Operadores de atribuição

Existem os seguintes operadores de atribuição suportados pela linguagem Scala -

Operador	Descrição
=	Operador de atribuição simples, atribui valores dos operandos do lado direito ao operando do lado esquerdo
+=	Operador de atribuição Adicionar E, adiciona o operando direito ao operando esquerdo e atribui o resultado ao operando esquerdo
-=	Operador de atribuição Subtrair E, subtrai o operando direito do operando esquerdo e atribui o resultado ao operando esquerdo
*=	Operador de atribuição Multiplicar E, multiplica o operando direito com o operando esquerdo e atribui o resultado ao operando esquerdo
/=	Operador de atribuição Dividir E, divide o operando esquerdo pelo operando direito e atribui o resultado ao operando esquerdo
%=	Operador de atribuição Modulus AND, obtém o módulo utilizando dois operandos e atribui o resultado ao operando da esquerda
<<=	Operador de atribuição AND de deslocamento à esquerda
>>=	Operador de atribuição AND de deslocamento à direita
&=	Operador de atribuição AND bit a bit
A=	operador de atribuição e OR exclusivo bit a bit
|=	operador de atribuição e OR inclusivo bit a bit

Estruturas de controlo incorporadas:

Scala tem apenas um punhado de estruturas de controlo incorporadas. As únicas estruturas de controlo são if, while, for, try, match e chamadas de função. A razão pela qual Scala tem tão poucas é o facto de ter incluído literais de função desde o seu início. Em vez de acumular uma estrutura de controlo de nível superior após outra na sintaxe base, Scala acumula-as em bibliotecas.

1. Se as expressões

O if de Scala funciona como em muitas outras linguagens. Ele testa uma condição e, em seguida, executa uma das duas ramificações de código, dependendo se a condição é verdadeira.

A expressão "if" consiste numa expressão booleana seguida de uma ou mais expressões.

Sintaxe

A sintaxe de uma instrução "if" é a seguinte.

```
if(Boolean_expression) {
// As declarações serão executadas se a expressão booleana for verdadeira
} objeto Demo {
def main(args: Array[String]) {
var x = 10;
se( x < 20 ){
println("Esta é uma declaração if");
}
}
}
```

Guarde o programa acima em **Demo.scala**. Os seguintes comandos são usados para compilar e executar este programa.

Comando

```
\>scalac Demo.scala
\>scala Demo
```

IF if/then devolve um valor, pode utilizá-lo como um operador ternário de Java

S tem um valor de 1 ou -1, dependendo do valor de x. Pode colocar esse valor numa variável:

val s = if (x > 0) 1 else -1 println(if (i == 0) "a" else "b")

Em Scala, cada expressão tem um tipo. Por exemplo, a expressão if (x > 0) 1 else -1 tem o tipo Int porque ambos os ramos têm o tipo Int. O tipo de uma expressão de tipo misto, como

se (x > 0) "positivo" senão -1

é o supertipo comum de ambos os ramos. Neste exemplo, um ramo é um java.lang.String e o outro é um Int. O seu supertipo comum chama-se Any.

Se a parte else for omitida, por exemplo, em

se (x > 0) 1

então é possível que a expressão if não produza nenhum valor. No entanto, em Scala, é suposto que cada expressão tenha *algum* valor. Isso é aperfeiçoado pela introdução de uma classe Unit que tem um valor, escrito como (). A declaração if sem um else é equivalente a

se (x > 0) 1 senão ()

Pense em () como um espaço reservado para "nenhum valor útil" e pense em Unit como o análogo de void em Java ou C++.

(Tecnicamente falando, void não tem valor, enquanto Unit tem um valor que significa "sem valor".

2. Laços While

O laço while de Scala se comporta como em outras linguagens. Ele tem uma condição e um corpo, e o corpo é executado repetidamente enquanto a condição for verdadeira.

```
enquanto (condição)
{
// Código a ser executado
```

```
}
// Programa Scala para ilustrar o objeto while loop whileLoopDemo
{
// Método principal
def main(args: Array[String])
{
var x = 1;
// Sair quando x for maior que 4
enquanto (x <= 4)
{
println("Valor de x: " + x);
// Incrementar o valor de x para
// iteração seguinte
x = x + 1;
}
}
}
```

exemplo:

```
var i = 0
while (i < array.length) {
println(array(i))
i += 1
}
```

Laço While infinito: O laço while pode ser executado infinitas vezes, o que significa que não existe uma condição de término para este laço. Por outras palavras, podemos dizer que existem algumas condições que permanecem sempre verdadeiras, o que faz com que o ciclo while seja executado infinitas vezes ou podemos dizer que nunca termina. object Demo {

```
def main(args: Array[String]) { var a = 10;
// Um ciclo infinito.
while( true ){
println( "Valor de a: " + a );
}
}
}
```

Scala também tem um loop do-while. Este funciona como o laço while, exceto que testa a condição após o corpo do laço em vez de antes. Ao contrário do laço **while**, que testa a condição do laço na parte superior do laço, o laço **do-while** verifica a sua condição na parte inferior do laço. Um loop **do-while** é semelhante a um loop while, exceto que um loop do-while tem a garantia de ser executado pelo menos uma vez.

Sintaxe

Segue-se a sintaxe do ciclo do-while.

```
do {
declaração(ões);
}
```

Abaixo mostra um script Scala que usa um do-while para ecoar linhas lidas da entrada padrão até que uma linha vazia seja inserida:

```
var linha = ""
do {
line = readLine()
println("Leitura: "+ linha)
} enquanto (linha != "")
```

3. Para expressões

O laço for tem uma funcionalidade semelhante à do laço while, mas com uma sintaxe diferente. Os laços for são preferidos quando o número de vezes que as instruções de laço devem ser executadas é conhecido de antemão. Há muitas variações de "laço for em Scala" que discutiremos nos próximos artigos. Basicamente, é uma estrutura de controlo de repetição que permite ao programador escrever um ciclo que precisa de ser executado um determinado número de vezes.

```
objeto forloopDemo {
// Método principal
def main(args: Array[String]) {
var y = 0;
// execução do ciclo for com intervalo
para(y <- 1 a 7)
{
println("O valor de y é: " + y);
}
}
}
```

Laços aninhados

O ciclo que contém um ciclo dentro de um ciclo é conhecido como ciclo aninhado. Pode conter o loop for dentro de um loop for ou um loop while dentro de um loop while. Também é possível que um loop while possa conter o loop for e vice-versa.

```
objeto nestedLoopDemo {
// Método principal
def main(args: Array[String]) {
var a = 5;
var b = 0;
// ciclo exterior while
enquanto (a < 7)
{
b = 0;
// ciclo interno while
enquanto (b < 7 )
{
// imprimir os valores de a e b println("Valor de a = " +a, " b = "+b);
b = b + 1;
}
// nova linha
println()
// incrementar o valor de um
```

a = a + 1;
// mostrar o valor atualizado de a println("Valor de a Tornar-se: "+a);
// nova linha println()
}
}
}

Saída:

(Valor de a = 5, b = 0)
(Valor de a = 5, b = 1)
(Valor de a = 5, b = 2)
(Valor de a = 5, b = 3)
(Valor de a = 5, b = 4)
(Valor de a = 5, b = 5)
(Valor de a = 5, b = 6)
Valor de um Torne-se: 6
(Valor de a = 6, b = 0)
(Valor de a = 6, b = 1)
(Valor de a = 6, b = 2)
(Valor de a = 6, b = 3)
(Valor de a = 6, b = 4)
(Valor de a = 6, b = 5)
(Valor de a = 6, b = 6) Valor de a Tornar-se: 7

A expressão for do Scala é o canivete suíço da iteração. Permite-lhe combinar alguns ingredientes simples de diferentes formas para expressar uma grande variedade de iterações. Usos simples permitem tarefas comuns, como iterar através de uma sequência de números inteiros. As expressões mais avançadas podem iterar sobre várias colecções de diferentes tipos, podem filtrar elementos com base em condições arbitrárias e podem produzir novas colecções.

Iteração através de colecções

A coisa mais simples que pode fazer é iterar através de todos os elementos de uma coleção.

Por exemplo, abaixo mostra-se algum código que imprime todos os ficheiros no diretório atual. A E/S é executada usando a API Java. Primeiro, criamos um java.io.File no diretório atual, ".", e chamamos o seu método listFiles. Este método devolve um conjunto de objectos File, um por diretório e ficheiro contidos no diretório atual. Armazenamos a matriz resultante na variável filesHere.

val ficheirosAqui =
(novo java.io.File(".")).listFiles
for (file <- filesHere) println(file)

Filtragem

Por vezes, não se quer iterar através de uma coleção na sua totalidade. Quer filtrá-la até um subconjunto. Pode fazer isso com uma expressão for adicionando um filtro: uma cláusula if dentro dos parênteses do for.

Por exemplo, o código mostrado abaixo lista apenas os arquivos no diretório atual cujos nomes terminam com ".scala":

```
val filesHere = (new java.io.File(".")).listFiles
para (ficheiro <-
```

```
filesHere if file.getName.endsWith(".scala"))
```

println(ficheiro)

Iteração aninhada

Se adicionar várias cláusulas <-, obterá "loops" aninhados. Por exemplo, a expressão for mostrada abaixo tem dois loops aninhados. O loop externo itera através de filesHere, e o loop interno itera através de fileLines(file) para qualquer arquivo que termine com .scala.

```
def fileLines(file: java.io.File) =
scala.io.Source.fromFile(file).getLines.toList
def grep(pattern: String) =
para (
ficheiro <- filesHere
se file.getName.endsWith(".scala");
line <- fileLines(file)
se line.trim.matches(pattern)
) println(ficheiro +": "+ linha.trim)
grep(".*gcd.*")
```

Ligações de variáveis a meio do fluxo

Note que o código anterior repete a expressão line.trim. Esse é um cálculo não trivial, portanto, talvez você queira calculá-lo apenas uma vez. Você pode fazer isso vinculando o resultado a uma nova variável usando um sinal de igual (=). A variável vinculada é introduzida e usada como uma val, apenas com a palavra-chave val deixada de fora. Segue-se um exemplo.

def grep(pattern: String) =
para {
ficheiro <- filesHere
se file.getName.endsWith(".scala")
line <- fileLines(file) trimmed = line.trim if trimmed.matches(pattern) } println(file +": "+ trimmed) grep(".*gcd.*")

Produção de uma nova coleção

Embora todos os exemplos até agora tenham operado nos valores iterados e depois esquecido deles, também é possível gerar um valor a ser lembrado para cada iteração. Para o fazer, prefixa o corpo da expressão for com a palavra-chave yield. Por exemplo, aqui está uma função que identifica os arquivos .scala e os armazena em uma matriz:

```
def scalaFiles =
para {
ficheiro <- filesHere
se file.getName.ends with(".scala")
} yield file
```

Cada vez que o corpo da expressão for é executado, ele produz um valor, neste caso, simplesmente arquivo. Quando a expressão for for concluída, o resultado incluirá todos os valores produzidos contidos numa única coleção. O tipo da coleção resultante baseia-se no tipo de colecções processadas nas cláusulas de iteração. Neste caso, o resultado é um Array[File], porque filesHere é um array e o tipo da expressão produzida é File.

Matrizes

Scala fornece uma estrutura de dados, o **array**, que armazena uma coleção seqüencial de tamanho fixo de elementos do mesmo tipo. Uma matriz é usada para armazenar uma coleção de dados, mas muitas vezes é mais útil pensar em uma matriz como uma coleção de variáveis do mesmo tipo.

Declarando variáveis de matriz

Para utilizar uma matriz num programa, é necessário declarar uma variável para referenciar a matriz e especificar o tipo de matriz que a variável pode referenciar.

Segue-se a sintaxe para declarar uma variável de matriz.

Sintaxe

var z:Array[String] = new Array[String](3) ou

var z = new Array[String](3)

Aqui, z é declarado como uma matriz de Strings que pode conter até três elementos. Os valores podem ser atribuídos a elementos individuais ou obter acesso a elementos individuais, o que pode ser feito utilizando comandos como os seguintes -

Comando

z(0) = "Zara"; z(1) = "Nuha"; z(4/2) = "Ayan"

Aqui, o último exemplo mostra que, em geral, o índice pode ser qualquer expressão que produza um número inteiro. Há mais uma forma de definir uma matriz -

var z = Matriz("Zara", "Nuha", "Ayan")

A figura seguinte representa uma matriz **myList**. Aqui, **myList** contém dez valores duplos e os índices vão de 0 a 9.

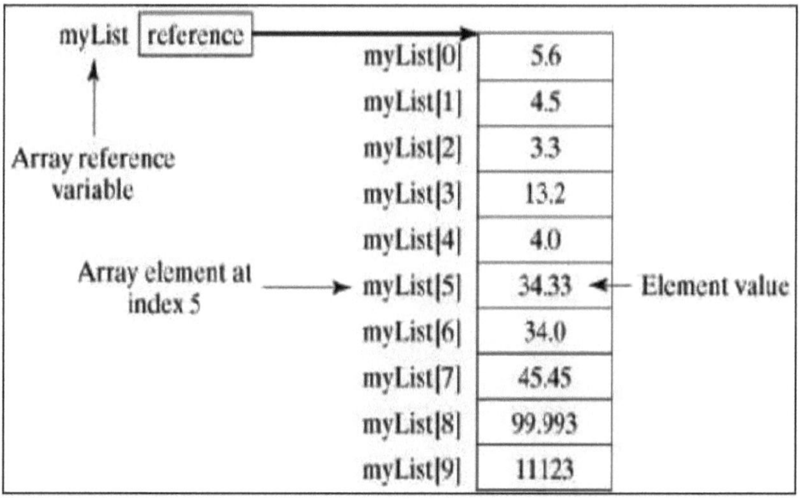

Processamento de matrizes

Quando processamos elementos de uma matriz, utilizamos frequentemente estruturas de controlo de laços porque todos os elementos de uma matriz são do mesmo tipo e o tamanho da matriz é conhecido. Abaixo está um programa de exemplo que mostra como criar, inicializar e processar matrizes -

Exemplo

```
objeto Demo {
def main(args: Array[String]) {
var myList = Array(1.9, 2.9, 3.4, 3.5)
```

```
// Imprimir todos os elementos do conjunto
for ( x <- myList ) { println( x )        }
// Soma de todos os elementos
var total = 0,0;
for ( i <- 0 to (myList.length - 1)) {
total += myList(i);
}
println("O total é " + total);
// Encontrar o maior elemento
var max = myList(0);
for ( i <- 1 to (myList.length - 1) ) {
se (myList(i) > max) max = myList(i);
}
println("O valor máximo é " + max);
} }
```

Guarde o programa acima em **Demo.scala**. Os seguintes comandos são usados para compilar e executar este programa.

Comando

```
\>scalac Demo.scala
\>scala Demo
```

Saída

```
1.9
2.9
3.4
3.5
O total é de 11,7
O máximo é 3,5
```

Scala não suporta diretamente várias operações de matriz e fornece vários métodos para processar matrizes em qualquer dimensão. Se quiser utilizar os diferentes métodos, é necessário importar o pacote **Array._**.

Matrizes multidimensionais

Existem muitas situações em que é necessário definir e utilizar matrizes multidimensionais (ou seja, matrizes cujos elementos são matrizes). Por exemplo, as matrizes e as tabelas são exemplos de estruturas que podem ser realizadas como matrizes bidimensionais.

Segue-se um exemplo de definição de uma matriz bidimensional -

```
var myMatrix = ofDim[Int](3,3)
```

Esta é uma matriz que tem três elementos, sendo cada um deles uma matriz de inteiros com três elementos.

Experimente o seguinte programa de exemplo para processar uma matriz multidimensional -

Exemplo

```
importar Array._
objeto Demo {
def main(args: Array[String]) {
var myMatrix = ofDim[Int](3,3)
// construir uma matriz
para (i <- 0 a 2) {
```

```
para ( j <- 0 a 2) {
myMatrix(i)(j) = j;
}
}
// Imprimir matriz bidimensional
para (i <- 0 a 2) {
para ( j <- 0 a 2) {
print(" " + myMatrix(i)(j));
}
println();
}
}
}
```

Guarde o programa acima em **Demo.scala**. Os seguintes comandos são usados para compilar e executar este programa.

Comando

```
\>scalac Demo.scala
\>scala Demo
```

Saída

```
0 1 2
0 1 2
0 1 2
```

5.8 Tratamento de excepções com expressões try

As excepções do Scala comportam-se como em muitas outras linguagens. Em vez de devolver um valor da forma normal, um método pode terminar lançando uma exceção. O chamador do método pode apanhar e tratar essa exceção, ou pode simplesmente terminar, caso em que a exceção se propaga para o chamador do chamador. A exceção propaga-se desta forma, desenrolando a pilha de chamadas até que um método a trate ou não existam mais métodos.

5.8.1 Lançar excepções

O lançamento de uma exceção é idêntico ao de Java. Cria-se um objeto de exceção e depois lança-se com a palavra-chave throw: throw new IllegalArgumentException

5.8.2 Captura de excepções

Você captura exceções usando a sintaxe mostrada abaixo. A sintaxe para cláusulas catch foi escolhida por sua consistência com uma parte importante do Scala: correspondência de padrões. Correspondência de padrões, uma caraterística poderosa.

```
importar java.io.FileReader
importar java.io.FileNotFoundException
importar java.io.IOException
objeto Demo {
def main(args: Array[String]) {
tentar {
val f = new FileReader("input.txt")
} catch {
case ex: FileNotFoundException =>{ println("Exceção de ficheiro em falta")
}
case ex: IOException => { println("IO Exception") }
```

```
}
}
}
```
O/P: Exceção de ficheiro em falta

5.8.3 A cláusula finally

Pode envolver uma expressão com uma cláusula finally se pretender que algum código seja executado independentemente da forma como a expressão termina. Por exemplo, pode querer ter a certeza de que um ficheiro aberto é fechado mesmo que um método saia lançando uma exceção. Abaixo é mostrado um exemplo.

```
importar java.io.FileReader
importar java.io.FileNotFoundException
importar java.io.IOException
objeto Demo {
def main(args: Array[String]) {
tentar {
val f = new FileReader("input.txt")
} catch {
case ex: FileNotFoundException => { println("Exceção de ficheiro em falta")
}
case ex: IOException => { println("IO Exception")
}
} finally {
println("A sair finalmente...")
}
}
}
```
o/p: Exceção de ficheiro em falta
Finalmente a saída...

5.8.4 Obtenção de um valor

Tal como acontece com a maioria das outras estruturas de controlo Scala, try-catch-finally resulta num valor. Por exemplo, abaixo mostra como você pode tentar analisar um URL, mas usar um valor padrão se o URL estiver mal formado. O resultado é o da cláusula try se nenhuma exceção for lançada, ou a cláusula catch relevante se uma exceção for lançada e capturada. Se uma exceção for lançada mas não for apanhada, a expressão não tem qualquer resultado. O valor computado na cláusula finally, se houver, é descartado. Normalmente, as cláusulas finally fazem algum tipo de limpeza, como fechar um ficheiro; normalmente não devem alterar o valor calculado no corpo principal ou numa cláusula catch do try.

```
importar java.net.URL
importar java.net.MalformedURLException
def urlFor(path: String) =
tentar {
novo URL(caminho)
} catch {
case e: MalformedURLException =>
novo URL("http://www.scala-lang.org")
```

```
}
```

5.9 Expressões de correspondência

A expressão de correspondência do Scala permite-lhe selecionar entre várias alternativas, tal como as instruções switch noutras linguagens. Em geral, uma expressão match permite que você selecione usando padrões arbitrários. Por enquanto, apenas considere o uso de match para selecionar entre várias alternativas.

Como exemplo, o script abaixo lê o nome de um alimento da lista de argumentos e imprime um companheiro para esse alimento. Esta expressão de correspondência examina firstArg, que foi definido como o primeiro argumento da lista de argumentos. Se for a string "salt", imprime "pepper", enquanto que se for a string "chips", imprime "salsa", e assim por diante. O caso padrão é especificado com um sublinhado (_), um símbolo curinga frequentemente usado em Scala como um espaço reservado para um valor completamente desconhecido.

objeto MyTest {
// método principal
def main(args: Array[String]) {
// chamar o método de teste println(test(1));
}
// método que contém a palavra-chave match def test(x:Int): String = x match {
// se o valor de x for 0,
// este caso será executado
case 0 => "Hello, Geeks!!!"
// se o valor de x for 1,
// este caso será executado
case 1 => "Está a aprender Scala?"
// se x não corresponder a nenhuma sequência,
// então este caso será executado case _ => "Good Luck!!!"
}
}

Saída:
Está a aprender Scala?

Explicação: No programa acima, se o valor de x que é passado na chamada do método *de teste* corresponder a qualquer um dos casos, a expressão dentro desse caso é avaliada. Aqui estamos passando 1, então *o caso 1* será avaliado. case_ => é o caso padrão que será executado se o valor de x não for 0 ou 1.

```
val firstArg = if (args.length > 0) args(0) else ""
firstArg match {
case "salt" => println("pepper") case "chips" => println("salsa") case "eggs" => println("bacon") case _ => println("huh?")
}
```

5.10Funções

Scala tem funções e métodos e usamos os termos método e função indistintamente, com uma pequena diferença. Um método Scala é uma parte de uma classe que tem um nome, uma assinatura, opcionalmente algumas anotações e algum bytecode, enquanto uma função em Scala é um objeto completo que pode ser atribuído a uma variável. Por outras palavras, uma função, que é definida como um membro de um objeto, é chamada um método.

Declarações de funções

Uma declaração de função Scala tem a seguinte forma -

```
def functionName ([lista de parâmetros]) :
[tipo de retorno]
```

Os métodos são implicitamente declarados abstractos se não se utilizar o sinal de igual e o corpo do método.

Definições de funções

Uma definição de função Scala tem a seguinte forma -

Sintaxe

```
def functionName ([lista de parâmetros]) :
[tipo de retorno] = {
corpo da função
return [expr] }
```

Aqui, o tipo de retorno pode ser qualquer tipo de dados Scala válido e a lista de parâmetros será uma lista de variáveis separadas por uma vírgula e a lista de parâmetros e o tipo de retorno são opcionais.

Aqui, **o tipo de retorno** pode ser qualquer tipo de dados Scala válido e **a lista de parâmetros** será uma lista de variáveis separadas por vírgula e a lista de parâmetros e o tipo de retorno são opcionais. De forma muito semelhante a Java, pode ser utilizada uma instrução de **retorno** juntamente com uma expressão no caso de uma função devolver um valor. Segue-se a função que adiciona dois números inteiros e devolve a sua soma -

Sintaxe

```
objeto add {
def addInt( a:Int, b:Int ) : Int = {
var soma:Int = 0
soma = a + b
retorno soma
} }
```

Uma função, que não retorna nada, pode retornar uma **Unidade** que é equivalente a **void** em Java e indica que a função não retorna nada. As funções que não retornam nada em Scala são chamadas de procedimentos.

Sintaxe

Eis a sintaxe -

```
objeto Olá{
def printMe( ) : Unit = {
println("Olá, Scala!")
}
}
```

Funções de chamada

Scala fornece diversas variações sintácticas para invocar métodos. A seguir, a maneira padrão de chamar um método -

```
functionName( lista de parâmetros
)
```

Se uma função estiver a ser chamada utilizando uma instância do objeto, então utilizaremos a notação de ponto semelhante à de Java da seguinte forma -

```
[instance.]functionName( lista de parâmetros )
```

5.11 Encerramentos

As Closures de Scala são funções que utilizam uma ou mais variáveis livres e o valor de retorno desta função depende destas variáveis. As variáveis livres são definidas fora da função Closure e não são incluídas como um parâmetro desta função. Assim, a diferença entre uma função de fecho e uma função normal é a variável livre. Uma variável livre é qualquer tipo de variável que não é definida dentro da função e não é passada como parâmetro da função. Uma variável livre não está ligada a uma função com um valor válido. A função não contém quaisquer valores para a variável livre.

Um **fecho** é uma função cujo valor de retorno depende do valor de uma ou mais variáveis declaradas fora desta função.

```
objeto Demo {
def main(args: Array[String]) {
println( "valor do multiplicador(1) = " + multiplicador(1) )
println( "valor do multiplicador(2) = " + multiplicador(2) )
}
var fator = 3
val multiplicador = (i:Int) => i * fator
}
```

Agora **fator** tem uma referência a uma variável fora da função mas no âmbito envolvente. A função referencia **fator** e lê o seu valor atual de cada vez. Se uma função não tem referências externas, então ela é trivialmente fechada sobre si mesma. Nenhum contexto externo é necessário.

Uma função de fecho pode ainda ser classificada em funções *puras* e *impuras*, consoante o tipo da variável livre. Se dermos à variável livre um tipo **var**, então a variável tende a mudar de valor a qualquer momento ao longo de todo o código e, portanto, pode resultar na alteração do valor da função de fecho. Assim, este fecho é uma função impura. Por outro lado, se declararmos a variável livre do tipo **val**, então o valor da variável permanece constante, tornando assim a função de fecho uma função pura.

5.12 Herança

A herança é um pilar importante da OOP (Programação Orientada a Objetos). É o mecanismo em Scala pelo qual uma classe pode herdar as características (campos e métodos) de outra classe. Terminologia importante:

- **Superclasse:** A classe cujas características são herdadas é conhecida como superclasse (ou uma classe base ou uma classe pai).
- **Subclasse:** A classe que herda a outra classe é conhecida como uma subclasse (ou uma classe derivada, classe estendida ou classe filha). A subclasse pode adicionar os seus próprios campos e métodos para além dos campos e métodos da superclasse.
- **Reutilização:** A herança suporta o conceito de "reutilização", ou seja, quando queremos criar uma nova classe e já existe uma classe que inclui algum do código que queremos, podemos derivar a nossa nova classe da classe existente. Ao fazer isto, estamos a reutilizar os campos e métodos da classe existente.

Herança em Scala

A herança é um conceito orientado para objectos que é utilizado para a reutilização do código. É possível obter a herança utilizando a palavra-chave extends. Para alcançar a herança, uma classe deve estender-se a outra classe. Uma classe estendida é designada por classe super ou classe-mãe. Uma classe que estende uma classe é designada por classe derivada ou classe-base.

Extensão de uma classe

Pode estender uma classe Scala de base e pode conceber uma classe herdada da mesma forma que o faz em Java (utilize a palavra-chave extends), mas existem **duas restrições: a substituição de métodos requer a palavra-chave override e apenas o construtor primário pode passar parâmetros ao construtor de base.**

A palavra-chave utilizada para a herança é extends.

Sintaxe:

```
class SubClassName extends SuperClassName(){
/* Escreva o seu código
* métodos e campos, etc.
*/
}
```

5.12.1 Tipos de herança

Abaixo estão os diferentes tipos de herança que são suportados por Scala.

Herança única: Na herança simples, a classe derivada herda as características de uma classe base. Na imagem abaixo, a classe A serve como classe base para a classe derivada B.

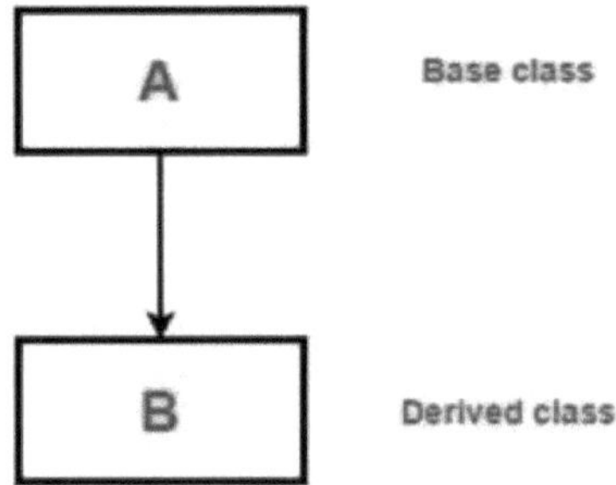


```
classe Empregado{
var salário:Flutuante = 10000
}
class Programador extends Empregado{ var bónus:Int = 5000 println("Salário = "+salário)
println("Bónus = "+bónus)
}
objeto MainObject{
def main(args:Array[String]){
novo Programador()
}
}
```

Herança multinível: Na Herança multinível, uma classe derivada herda uma classe de base e a classe derivada também actua como classe de base para outra classe. Na imagem abaixo, a classe A serve de classe base para a classe derivada B, que por sua vez serve de classe base para a classe derivada C.

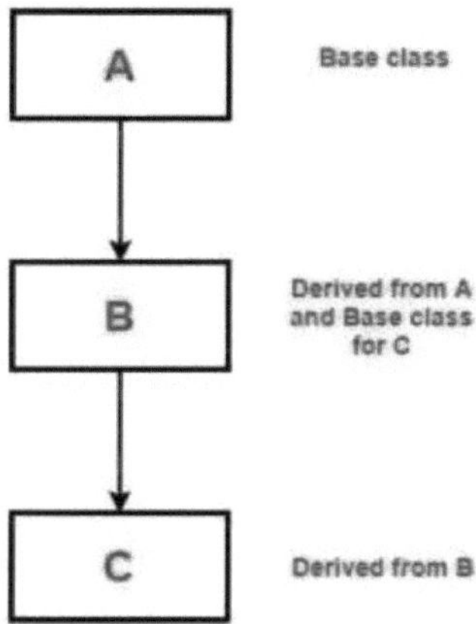

classe Empregado{
var salário:Flutuante = 10000
}
class Programador **extends** Empregado{ **var** bónus:**Int** = 5000 println("Salário = "+salário)
println("Bónus = "+bónus)
}
objeto MainObject{
def main(args:Array[String]){ **new** Programmer()
}
}

Herança hierárquica: Na Herança hierárquica, uma classe serve como uma superclasse (classe base) para mais de uma subclasse. Na imagem abaixo, a classe A serve como classe base para as classes derivadas B, C e D.

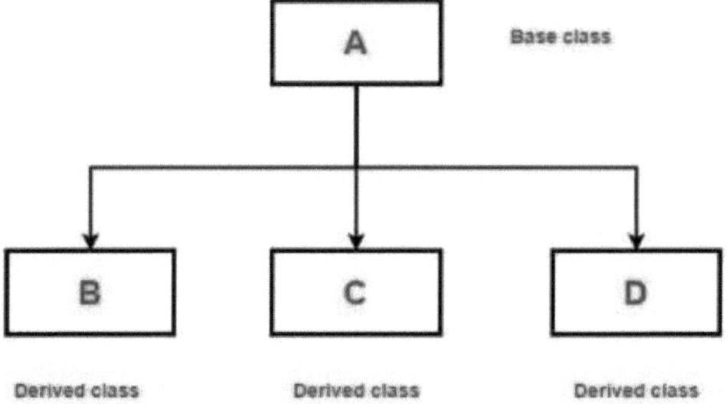

Herança múltipla: Na herança múltipla, uma classe pode ter mais de uma superclasse e herdar recursos de todas as classes pai**. Scala não suporta herança múltipla com classes, mas ela pode ser alcançada por traits.**

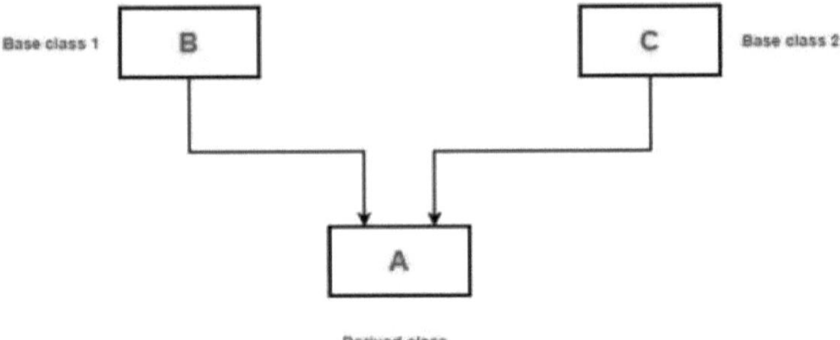

Herança híbrida: É uma mistura de dois ou mais dos tipos de herança acima. Como Scala não suporta herança múltipla com classes, a herança híbrida também não é possível com classes. Em Scala, podemos obter herança híbrida apenas através de traits.

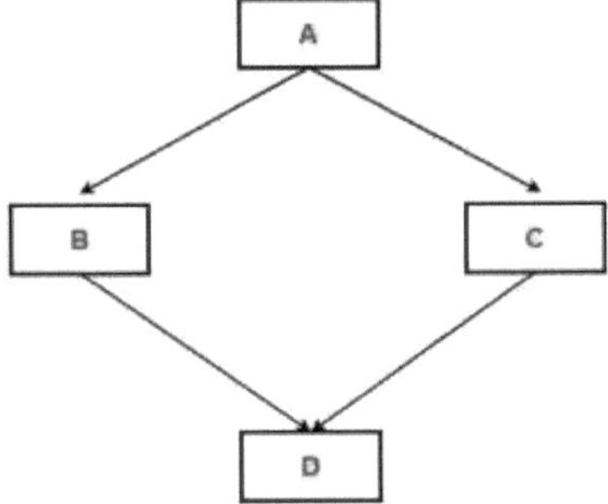

Substituição de métodos em Scala

Quando uma subclasse tem o mesmo nome do método definido na classe-mãe, é conhecido como substituição de método. Quando a subclasse pretende fornecer uma implementação específica para o método definido na classe-mãe, substitui o método da classe-mãe.

Em scala, é necessário utilizar a palavra-chave override ou a anotação override para substituir métodos da classe-mãe.

```
classe Veículo{
def run(){
println("o veículo está a funcionar")
}
}
class Bike extends Vehicle{
override def run(){
println("A bicicleta está a funcionar")
}}
objeto MainObject{
def main(args:Array[String]){
var b = new Bike()
b.run()
```

Saída:

```
A bicicleta está a funcionar
```

Scala Final

Final é uma palavra-chave que é utilizada para impedir a herança de membros da superclasse para a classe derivada. Também é possível declarar variáveis, métodos e classes finais.

Exemplo de variável final em Scala

Não é possível substituir variáveis finais numa subclasse. Vejamos um exemplo.

```
classe Veículo{
final val velocidade:Int = 60
}
class Bike extends Vehicle{
override val speed:Int = 100
def show(){ println(speed)
}
}
objeto MainObject{
def main(args:Array[String]){
var b = new Bike() b.show()
} }
```

Saída:

```
Erro - o valor speed não pode substituir a barra final
```

Método final em Scala

O método final declarado na classe-mãe não pode ser sobreposto. Você pode transformar qualquer método em final se não quiser que ele seja sobrescrito. A tentativa de sobrescrever um método final causará um erro de tempo de compilação.

Exemplo de método final em Scala

```
classe Veículo{
final def show(){
println("o veículo está a funcionar")
}
}
class Bike extends Vehicle{
//override val speed:Int = 100
override def show(){ println("a mota está a funcionar")
}
}
objeto MainObject{
def main(args:Array[String]){
var b = new Bike()
b.show()
}
}
```

Saída:

```
o método show não pode substituir o membro final override def show(){
```

```
//
um erro encontrado
```

Exemplo de classe final em Scala

Também é possível criar uma classe final. A classe final não pode ser herdada. Se tornar uma classe final, esta não pode ser alargada.

classe final Veículo{
def show(){
println("o veículo está a funcionar")
class Bike **extends** Vehicle{
override **def** show(){ println("a mota está a funcionar")
objeto MainObject{
def main(args:Array[String]){
var b = **new** Bike()
b.show()

Saída:

```
erro: herança ilegal da classe final Veículo class Bike extends Veículo{
//
um erro encontrado
```

Classe abstrata Scala

Uma classe que é declarada com a palavra-chave abstract é conhecida como classe abstrata. Uma classe abstrata pode ter métodos abstractos e métodos não abstractos. A classe abstrata é utilizada para conseguir abstração. A abstração é um processo no qual escondemos detalhes de implementação complexos e mostramos apenas a funcionalidade ao utilizador.

Em scala, podemos alcançar a abstração utilizando a classe abstrata e o trait. Uma classe que estende uma classe abstrata tem de fornecer a implementação de todos os seus métodos abstractos. Não é possível criar objectos de uma classe abstrata.

classe abstrata Bike{
def run()
}
class Hero **extends** Bike{
def run(){
println("está a funcionar bem...")
}
}
objeto MainObject{
def main(args: Array[String]){
var h = **new** Hero()
h.run()
}
}

Saída:

```
funcionando bem...
```

abstract **class** Bike(a:**Int**){// Criando construtor

```
var b:Int = 20                    // Criação de variáveis

var c:Int = 25

def run()                  // Método abstrato
def performance(){         // Método não abstrato

println("Desempenho espetacular") }
}
class Hero(a:Int) extends Bike(a){ c = 30
def run(){
println("A correr bem...") println("a = "+a) println("b = "+b)
println("c = "+c)
} }
objeto MainObject{
def main(args: Array[String]){ var h = new Hero(10) h.run()
h.desempenho()
} }
```

Saída:

```
Funciona bem...
a = 10
b = 20
c = 30
Desempenho espetacular
```

Referências

1. "Hadoop: The Definitive Guide" de Tom White
2. "YARN Essentials" por Amol Fasale
3. "NoSQL Distilled: A Brief Guide to the Emerging World of Polyglot Persistence" de Pramod J. Sadalage e Martin Fowler
4. "MongoDB: O Guia Definitivo" de Kristina Chodorow
5. "Spark: O Guia Definitivo" de Bill Chambers e Matei Zaharia
6. "Scala para os impacientes" por Cay S. Horstmann
7. "Hadoop em ação" por Chuck Lam
8. "NoSQL for Dummies" de Adam Fowler
9. "MongoDB Applied Design Patterns" por Rick Copeland
10. "Learning Spark: Análise de Grandes Dados Rápida como um Relâmpago" por Holden Karau, Andy Konwinski, Patrick Wendell e Matei Zaharia
11. "Programming Scala" por Dean Wampler e Alex Payne
12. "Scala Cookbook" por Alvin Alexander

Printed by Books on Demand GmbH, Norderstedt / Germany